Sonderpädagogik
im Grundriß

Sonderpädagogik im Grundriß

Von Heinz Bach

unter Mitarbeit von

Gerhard Heese
Heribert Jussen
Gustav O. Kanter
Gerda Knura
Franz Schönberger
Světluše Solarová
Otto Speck

Mit 26 Abbildungen

3., unveränderte Auflage

1976

Carl Marhold Verlagsbuchhandlung
Berlin

ISBN 3-7864-0324-4
Bestell-Nr. 10 202
Satz und Druck: Mercedes-Druck, Berlin
Printed in Germany

Inhaltsverzeichnis

Mitarbeiterverzeichnis

Prof. Dr. *Heinz Bach,*
65 Mainz, Am Eselsweg 33

Prof. Dr. *Gerhard Heese,*
Zürich, Zeltweg 10

Prof. Dr. *Heribert Jussen,*
504 Brühl, Am Inselweiher 19

Prof. Dr. *Gustav O. Kanter,*
5 Köln 51, Nauheimerstr. 5

Prof. Dr. *Gerda Knura,*
5 Köln 91, Robert-Schumann-Str. 22

Prof. Dr. Dipl.-Psych. *Franz Schönberger,*
7 Stuttgart 80, Belchenstr. 22

Prof. Dr. *Světluše Solarová,*
3 Hannover, Bismarckstr. 2

Prof. Dr. *Otto Speck,*
8 München 50, Pfarrer-Grimm-Str. 42

Einleitung

Sonderpädagogik (auch — mißverständlicher — Heilpädagogik oder Rehabilitation genannt) ist die Theorie und Praxis der

- Erziehung bei vorliegenden Beeinträchtigungen, wobei sie sich auf
- *alle Formen* und
- *alle Grade* pädagogisch bedeutsamer Beeinträchtigungen
- *in allen Lebensaltern* und
- *allen* entsprechenden *Einrichtungen* erstreckt.

Eine Beschränkung etwa auf Intelligenzbeeinträchtigungen oder auf Kindheit und Jugendalter oder auf den Schulrahmen oder auf Behinderungen unter Außerachtlassung von Störungen, Gefährdungen und Sozialrückständigkeiten der Gesellschaft käme folgenschweren Blickverengungen gleich. Erst die komplexe Sichtweise erlaubt es, die Mehrgliedrigkeit der meisten Beeinträchtigungsformen zu erfassen, die Bedingtheit von Beeinträchtigungen durch Benachteiligungen auf vorangegangenen Altersstufen oder die Angewiesenheit schulischer Bemühungen auf vor-, außer- und nachschulische Förderung zu erkennen und durch die Einbeziehung von Störungen, Gefährdungen und Sozialrückständigkeiten bestimmten Behinderungen vorzubeugen und differenzierte Maßnahmen zu entwickeln, die eine weitmögliche Integration im Erziehungsprozeß gewährleisten.

Insofern stellt die Sonderschulpädagogik nur einen Ausschnitt der Behindertenpädagogik und die Behindertenpädagogik ihrerseits lediglich ein Teilgebiet der Sonderpädagogik dar.

Die Auswirkungen des überkommenen eingeengten Selbstverständnisses der Sonderpädagogik als Behindertenpädagogik stehen gegenwärtig besonders im Blickfeld — nicht zuletzt bezüglich der Personenkreise mit bislang nur unzureichend beachteten Störungen oder mit soziokulturellen Benachteiligungen.

Auch die traditionelle Trennung von Sonderpädagogik (Heilpädagogik) und Sozialpädagogik erweist sich zunehmend als fragwürdig und soll hier ausdrücklich aufgehoben werden, da bestimmte Entstehungs- und Erschwerungsbedingungen von Beeinträchtigungen und wesentliche pädagogische Ansatzpunkte gemäß den traditionellen Aufmerksamkeitseinengungen von jeder der beiden Disziplinen nicht selten übersehen werden.

Nicht minder problematisch ist die althergebrachte Faszination der Sonderpädagogik vom einzelnen Beeinträchtigten — unter weitgehender Ignorierung seines Bezugsfeldes, insonderheit der gesellschaftlichen Verhältnisse als Bedingungsgrund zahlreicher Beeinträchtigungen und ihrer Steigerungen.

Sollen nicht wesentliche Gesichtspunkte vernachlässigt werden, muß die Sonderpädagogik — als komplexe Sonderpädagogik — folgende Gebiete umfassen:

- *Sondererziehung* bei vorliegenden *Behinderungen* (,,Behindertenpädagogik''),
- *Fördererziehung* bei vorliegenden *Störungen,*
- *Vorsorgeerziehung* bei vorliegenden *Gefährdungen* (,,Sozialpädagogik''),
- *Gesellschaftserziehung* angesichts der *Sozialrückständigkeiten* der Gesellschaft.

Obschon jedes dieser Gebiete durch spezielle Fragen und Aufgaben gekennzeichnet ist, bedarf es doch in der Regel eines komplexen Vorgehens oder — bei Schwerpunkten in einem Gebiet — zumindest einer differenzierten Berücksichtigung der anderen Gebiete.

Das für vorliegende Sonderpädagogik abgesteckte Feld läßt sich unter allgemeinem sowie unter differentiellem Aspekt darstellen.

Die Allgemeine Sonderpädagogik (auch Systematische Sonderpädagogik genannt) fußt — teils abstrahierend, teils verbindend, teils fundierend — auf den differentiellen Aspekten. Sie ist also nicht deren Summe. Sie hat vor allem folgende Funktionen:

- Vermittlung von *Überschau* über das Gesamtgebiet und die *Überschneidungsfelder* zu den Nachbarbereichen als Orientierungshilfe für die Einzelsituation,
- Ermöglichung *struktureller* und historischer *Einordnung* spezieller Fachrichtungen und Standpunkte zur Bestimmung des Stellenwertes der konkreten Gegebenheiten,
- Aufdeckung *allgemeiner Prinzipien* und Bildung von Oberbegriffen aufgrund von Vergleichen und Abstraktionsprozessen zur Gewinnung von erweitertem Verständnishorizont und neuen Transfermöglichkeiten,
- Klärung von *Grundfragen,* die in mehreren sonderpädagogischen Fachrichtungen von Bedeutung sind, und
- Ermittlung von *Sachzusammenhängen zwischen* den einzelnen *Fachrichtungen* zur Überwindung fachspezifischer Separierungstendenzen und zur Förderung interdisziplinärer Zusammenarbeit.

Im Unterschied zur *Allgemeinen Sonderpädagogik, die im I. Teil* vorliegender Schrift erörtert wird, befaßt sich die Differentielle Sonderpädagogik mit bestimmten Teilgebieten.

Im II. Teil werden aus dem Bereich der *Differentiellen Sonderpädagogik* die verschiedenen Fachrichtungen der Erziehung bei vorliegender Behinderung unter Mitberücksichtigung zugehöriger Störungen erörtert. Sie wären ergänzbar hinsichtlich differentieller Darstellungen der Gebiete der Vorsorgeerziehung und der Gesellschaftserziehung.

Die Form der Stichworte wurde gewählt aus Respekt vor der Denkfähigkeit der Adressaten. Das bedeutet allerdings Verzicht auf Ausführlichkeiten, auf Wiederholung überholter Positionen und zugleich denkerische Bemühung — allerdings auch das Risiko verkürzter Interpretationen.

Mainz, 1974   Heinz Bach

I. Teil:
Allgemeine Sonderpädagogik
Von Heinz Bach

1. Grundlagen

1. Begriff

- *Sonderpädagogik ist die Theorie und Praxis der Erziehung all jener, deren Personalisation und Sozialisation unter erschwerenden Bedingungen erfolgt*
- *Das Besondere der Sonderpädagogik* bedeutet: das über das Übliche Hinausgehende, ein quantitatives und qualitatives Mehr, das durch die erschwerenden Bedingungen erforderlich wird
- *Parallelbegriffe* sind Heilpädagogik, Orthopädagogik, Defektologie, Pädagogische Rehabilitation, Sozialpädagogik im engeren Sinne

2. Struktur des Erziehungsprozesses und seiner Erschwerungen

- *Erziehung* ist die verantwortliche Beeinflussung eines Menschen durch Ingangbringung und Steuerung von Lernprozessen mit dem Ziel, ihm bestimmte normbezogene Erlebnis- und Handlungsdispositionen zu vermitteln — im Hinblick auf seine Lernmöglichkeiten sowie — korrektiv — auf die gegebenen Umwelteinwirkungen
- Erschwerungen der Personalisation und Sozialisation können — unter pädagogischem Aspekt — in jedem der verschiedenen Bereiche des Erziehungsprozesses auftreten
- *Erschwerungen* sind Unregelhaftigkeiten in den Bereichen des Erziehungsprozesses im Verhältnis zur Durchschnittserwartung, d. h. ein Abweichen von den Gegebenheiten einer zahlenmäßig stark überwiegenden Vergleichsgruppe
- Die Struktur des Erziehungsprozesses ist durch vielfältige Bezugsverhältnisse der verschiedenen Bereiche gekennzeichnet (vgl. Abb. 1)
- *Erschwerungen im Bereiche des Lernens:*
  - *Bereich des Aufnehmens* (Empfindungs-, Wahrnehmungs- und Merkerschwerungen bezüglich des Sehens, Hörens, Tastens, motorischen Erfassens, Riechens, Schmeckens)

- *Bereich des Verarbeitens* (intellektuelle Erschwerungen bezüglich des Unterscheidens, Vergleichens, Zuordnens, Gliederns, Abstrahierens, Kategorienbildens, Kombinierens, Urteilens, Kritisierens)
- *Bereich des Speicherns* und der Äußerungsfähigkeit (Erschwerungen in bezug auf Einstellungen, Gesinnungen, Haltungen; Fertigkeiten, Gewohnheiten, Fähigkeiten; Wissen, Einsichten)
- *Erschwerungen im Bereiche des Beeinflussens:*
  - *Bereich der personalen Umwelt* (verbale, gestische, haltungsmäßige absichtliche und unabsichtliche Erschwerungen bezüglich der erziehungsrelevanten Informationen einschließlich der Erwartungsäußerungen und Reaktionen)
  - *Bereich der Sachumwelt* (gewordene oder bewußt beziehungsweise unbewußt gestaltete Erschwerungen bezüglich der sächlichen Lernbedingungen)
  - *Bereich der Erziehung* (sächliche, verbale, haltungsmäßige bewußte oder unbewußte Erschwerungen bezüglich der erforderlichen Anregung, Unterstützung, Behütung und Gegenwirkung gemäß den gültigen Normen und bezüglich der Methoden der Beeinflussung seitens der verantwortlichen Erzieher)
  - *Bereich der informellen und offiziellen gesellschaftlichen Normen* (negative Beeinflussung der vorgenannten Bereiche durch Sozialrückständigkeiten)

Erschwerungen treten auf im

Bereich des Lernens   Bereich des Beeinflussens

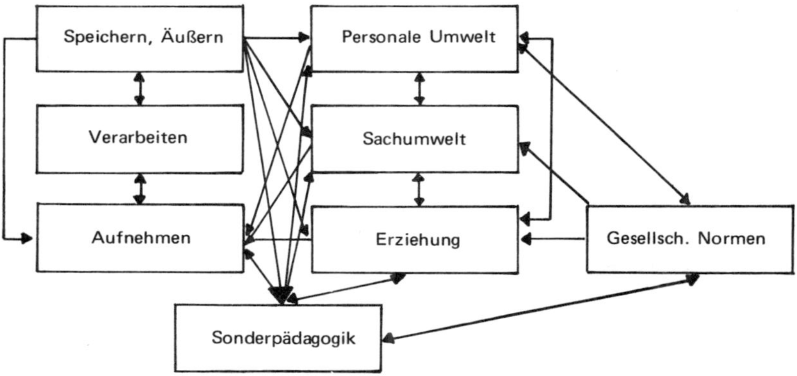

Abb. 1: Struktur des Erziehungsprozesses.

- Erschwerungen können in mehreren Bereichen zugleich auftreten
- Gemäß der Unterschiedlichkeit vorliegender angelegter oder gewordener Möglichkeiten des Lernens, bezüglich der Sachumwelt und der personalen Umwelt liegt stets ein *individueller Erziehungsbedarf* vor. Eine Disproportion und eine dementsprechende inhaltliche und methodische Berücksichtigung von Unregelhaftigkeiten in den verschiedenen Bereichen bewirkt eine Erschwerung der Erziehung
- Sonderpädagogik als Korrektiverziehung ist demgemäß *nicht* durch *Eingeschränktheit, sondern* durch *Unregelhaftigkeit der pädagogischen Aufgabe* gekennzeichnet
- Da Unregelhaftigkeit quantitativ und qualitativ über das Übliche Hinausgehendes, Besonderes erforderlich macht, bedingt sie eine Erschwerung der Erziehung
- Eine Verwischung der Besonderheit der Sonderpädagogik ist gleichbedeutend mit einem Übersehen besonderer Gegebenheiten und besonderer Aufgaben; dies kann durch unangemessene Definition der Regelhaftigkeit (Normalität) geschehen
- Die Sonderpädagogik stellt — wie die regelhafte Pädagogik — eine Spezifizierung der allgemeinen Pädagogik dar (vgl. Abb. 2)

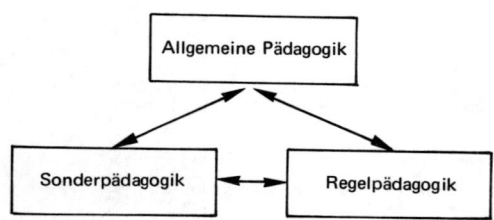

Abb. 2: Das Verhältnis zwischen Allgemeiner Pädagogik, Sonderpädagogik und Regelpädagogik.

3. Formen der Beeinträchtigung

- Die Erschwerung der Personalisation und Sozialisation eines Menschen wird *Beeinträchtigung* genannt. Sie ist objektiv durch Unregelhaftigkeiten in den Bereichen des Erziehungsprozesses gekennzeichnet. Liegt noch keine objektive Feststellung vor, wird zunächst von bloßer *Auffälligkeit* gesprochen

— Der Übergang zwischen regelhaften und erschwerenden, unregelhaften Gegebenheiten des Erziehungsprozesses ist fließend — und demgemäß sind auch Beginn und Ausmaß der einzelnen Beeinträchtigungen nicht präzis zu fixieren:

— *Subjektive Relativität*
Beeinträchtigungen sind in gewissem Maße relativ, insofern sie subjektiv mehr oder minder stark erlebt werden

— *Soziale Relativität*
Beeinträchtigungen sind in gewissem Maße relativ, insofern die Unregelhaftigkeit einer Erschwerung von verschiedenen Bezugsgruppen unterschiedlich beurteilt wird. Jedoch gibt es von einem gewissen Beeinträchtigungsausmaß ab Übereinstimmung hinsichtlich des eindeutigen Vorliegens einer Beeinträchtigung

— *Situative Relativität*
Beeinträchtigungen sind in gewissem Maße relativ, insofern sie im allgemeinen nur in bestimmten Lebenssituationen eine Rolle spielen und empfunden werden. Der beeinträchtigte Mensch ist daher nie nur Beeinträchtigter. Neben den beeinträchtigten stehen nicht beeinträchtigte Möglichkeiten
Trotzdem ist stets der Mensch beeinträchtigt und nicht nur eine isoliert zu sehende Gegebenheit; dementsprechend sind die Auswirkungen der Beeinträchtigung auf die Gesamtpersönlichkeit von pädagogischer Bedeutsamkeit

— *Temporäre Relativität*
Beeinträchtigungen sind in gewissem Maße relativ, insofern sie keine statischen Gegebenheiten sind und in unterschiedlichem und z. T. kaum voraussehbarem Maße veränderbar sind

— Im Hinblick auf die Unterschiedlichkeit von Art und Maß ist eine Einteilung der Beeinträchtigungen erforderlich, um angemessene Maßnahmen und erziehungsorganisatorische Regelungen treffen zu können, soll die extreme Heterogenität der Beeinträchtigung nicht zu einer undifferenzierten pädagogischen Reaktion führen. Demgemäß wird — maßnahmenorientiert — zwischen folgenden Beeinträchtigungen unterschieden:

a) *Behinderungen* sind individuale Beeinträchtigungen, die
   — *umfänglich* (d. h. mehrere Lernbereiche betreffend) *und*
   — *schwer* (d. h. graduell mehr als ein Fünftel unter dem Regelbereich liegend) *und*
   — *langfristig* (d. h. in zwei Jahren voraussichtlich nicht dem Regelbereich anzugleichen)
   sind

b) *Störungen* sind individuale Beeinträchtigungen, die
   — *partiell* (d. h. nur einen Lernbereich betreffend) *oder*

9

- *weniger schwer* (d. h. graduell weniger als ein Fünftel vom Regelbereich abweichend) *oder*
- *kurzfristig* (d. h. voraussichtlich in bis zu zwei Jahren dem Regelbereich anzugleichen) sind

c) *Gefährdungen* sind Beeinträchtigungen, die in der Form somatischer, ökonomischer oder sozialer Lernbedingungen mit erschwerendem Charakter *Störungen oder Behinderungen* zu *bewirken oder zu verstärken* angetan sind

d) *Sozialrückständigkeiten* sind Beeinträchtigungen der Gesellschaft, die
- in der Form von Einstellungen, Verhaltensweisen, Gepflogenheiten, materiellen Bedingungen und gesetzlichen Regelungen *Gefährdungen, Störungen und Behinderungen*
- teils *verursachen,*
- teils *steigern* und
- teils ignorieren und damit mögliche Hilfestellungen verhindern
- Behinderungen, Störungen, Gefährdungen und Sozialrückständigkeiten treten häufig in Verbindung unterschiedlicher Kombinationen mit wechselseitigem Verstärkungscharakter auf
- Zwischen Behinderungen und Störungen, zwischen Störungen und Gefährdungen und zwischen Gefährdungen und Sozialrückständigkeiten bestehen *fließende Übergänge.* Am deutlichsten wird der Unterschied, wenn die Mittelfelder miteinander verglichen werden, wie es für die meisten Einteilungen im Humanbereich gilt.
  Im Zweifelsfall empfiehlt sich eine vorläufige Zuordnung zum Bereiche der weniger umfänglichen Beeinträchtigung
- Die verschiedenen Grade und Arten der Beeinträchtigungen (Behinderungen, Störungen, Gefährdungen, Sozialrückständigkeiten) sind keine Ursachenbereiche und keine feststehenden Eigenschaften, sondern Beschreibungskategorien, die in Korrespondenz zu den erforderlichen Maßnahmen stehen. Sie treffen für einzelne Menschen unter Umständen nur vorübergehend zu.
- Die erforderlichen pädagogischen Maßnahmen bei vorliegender Beeinträchtigung werden als Sonderpädagogik bezeichnet
- *Die Sonderpädagogik ist die Theorie und Praxis der Erziehung bei Beeinträchtigungen und zwar*
  - *der Sondererziehung* (Behindertenpädagogik) *bei vorliegender Behinderung,*
  - *der Fördererziehung bei vorliegender Störung,*
  - *der Vorsorgeerziehung* (Sozialpädagogik i. e. S.) *bei vorliegender Gefährdung,*
  - *der Gesellschaftserziehung bei vorliegender Sozialrückständigkeit* (vgl. Abb. 3)
- Da die verschiedenen Arten und Grade der Beeinträchtigung häufig in Verbindung miteinander auftreten, kann sich die Sonderpädagogik keinem der

vier Aufgabengebiete entziehen. Eine Beschränkung auf bloße Behindertenpädagogik wie auf bloße Sozialpädagogik führt im Hinblick auf den einzelnen beeinträchtigten Menschen wie hinsichtlich der Reflexion und Bestel-
lung der anderen Aufgabenfelder zu folgenschweren Unterlassungen

— Sonderpädagogik erstreckt sich
   auf *alle Arten der Beeinträchtigung* (also nicht nur auf Behinderungen,
   sondern ebenso auf Störungen, Gefährdungen und Sozialrückständigkeiten),
   auf *alle Formen* von Beeinträchtigungen (und nicht nur auf intellektuelle,
   sondern ebenso auf sensorielle, motorische und andere Formen),
   auf *alle Altersstufen* (und nicht nur auf die Kindheit, sondern ebenso auf
   das Säuglings- und das Erwachsenenalter) und
   auf *das ganze Erziehungsfeld* (und nicht nur auf die Schule, sondern ebenso auf das familiäre und auf andere Erziehungsfelder) (vgl. Abb. 3)

— Da verschiedene Formen von Beeinträchtigungen häufig in Verbindung miteinander auftreten und die sonderpädagogischen Aufgaben der verschiedenen Altersstufen und des institutionellen sowie des außerinstitutionellen

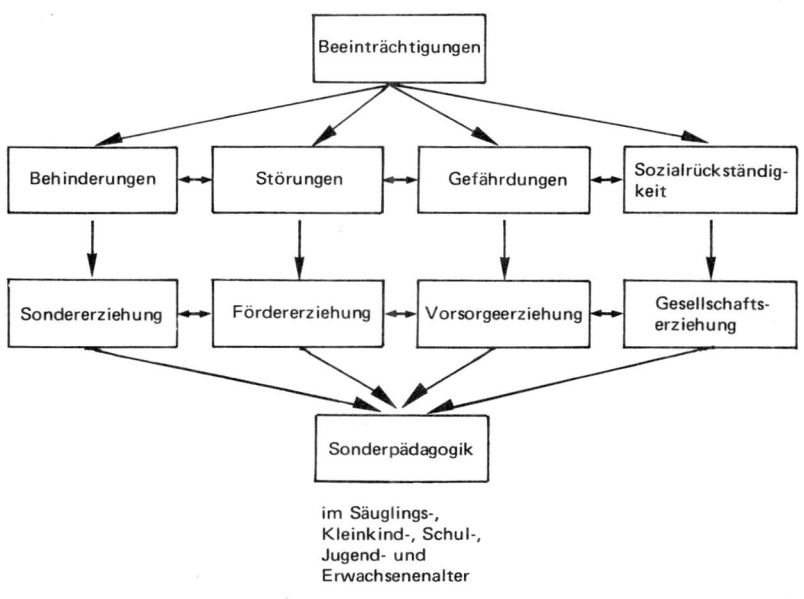

Abb. 3: Gegenstandsbereich der Sonderpädagogik.

11

Feldes in engem Zusammenhang miteinander stehen, ist eine prinzipielle Einengung des Aufmerksamkeitsbereiches auf bestimmte Formen, Altersstufen und Einrichtungen unvertretbar. Daher ist ebenso Überschau wie Kooperation neben der Konzentration auf eine bestimmte Aufgabe erforderlich

4. Entstehungsbedingungen von Beeinträchtigungen

— Bei den Bedingungen handelt es sich in der Regel um gewordene und sich stetig verändernde Größen. Demgemäß ist der Stellenwert einer bestimmten Bedingung „an sich" (etwa die veranlagte Lernmöglichkeit) im allgemeinen nicht mit Bestimmtheit auszumachen
— Nur in Ausnahmefällen ist eine Beeinträchtigung auf eine einzige umschriebene Ursache zurückzuführen
— Häufig heben sich jedoch dominierende Bedingungen im Bedingungsgeflecht ab
— Entstehungsbedingungen für Beeinträchtigungen lassen sich einteilen in somatische und psychische Schäden,
materielle und soziale Benachteiligungen und
negative erzieherische Beeinflussungen (vgl. Abb. 4)
— Die verschiedenen Arten von Bedingungen treten nicht selten gehäuft auf und beeinflussen sich wechselseitig im Sinne einer Verstärkung, so daß ihr Einfluß oft schwer festzustellen ist.
Sie bilden ein *Bedingungsgeflecht,* das eine bestimmte Struktur und nicht einen bloßen Summencharakter hat
— Unter genetischem Aspekt lassen sich die Entstehungsbedingungen differenzieren in disponierende, manifestierende und eskalierende Stufen (vgl. Abb. 5)
a) *Disponierende Bedingungen*
(unspezifische sachliche, physische und psychische Erschwerungen der Lernsituation)
— *materielle Benachteiligungen*
(in Elternhaus, Schule, Arbeitsstelle usw.):
Mangelnder Spiel- oder Arbeitsplatz, räumliche Enge, hohe Klassenfrequenzen, Lärm, hellhörige Bauten usw.
(ökonomischer Aspekt)
— *physische Belastungen:*
unzweckmäßige Ernährung, mangelhafte Schlafgelegenheit, körperliche Überlastung oder Unterbelastung, Entwicklungsstörungen, Kränklichkeit, Sinnesschäden, innere Erkrankungen, Mißbildungen
(somatischer Aspekt)

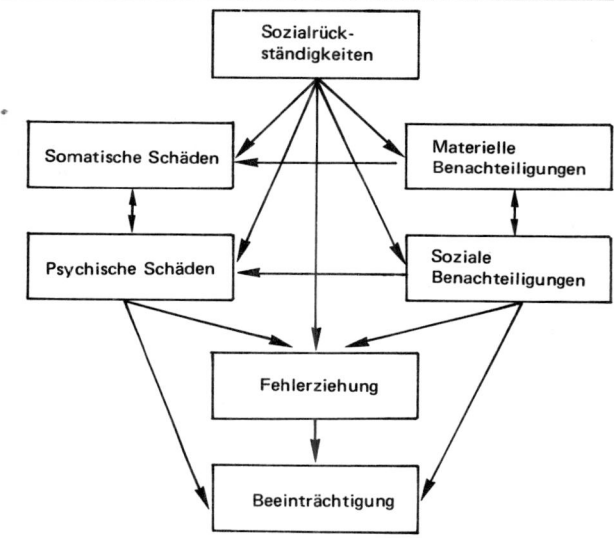

Abb. 4: Geflechtstruktur möglicher Bedingungen der Entstehung von Beeinträchtigungen.

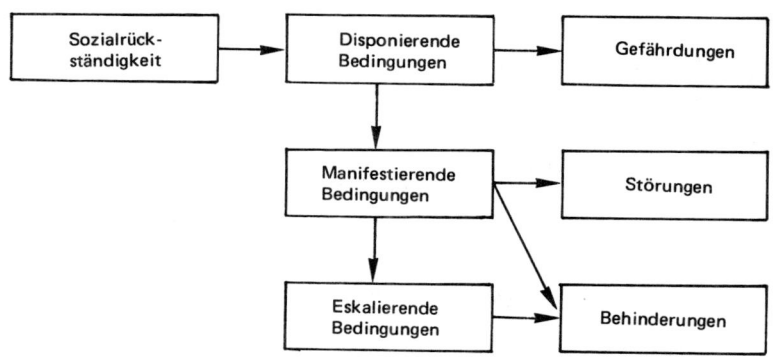

Abb. 5: Mögliche Genese von Beeinträchtigungen.

    — *psychische Benachteiligungen:*
Intelligenzmängel, Massenpflegesituation in Heimen, Reizarmut, Reizüberflutung, häufiger Gruppen-, Erzieher-, Lehrer- oder Wohnortwechsel, Fehlen oder Abwesenheit von Eltern oder Geschwistern,
emotional gespannte Familienatmosphäre, positive emotionale Beziehungen zu negativen Anregern, negative emotionale Beziehungen zu
positiven Anregern, Sensibilisierung durch unzureichend verarbeitete
Vorerlebnisse, Spannungsfeld negativer und positiver Einwirkungen
(psychischer und sozialer Aspekt)

    — *situative Faktoren:*
akute Frustration,
akute Streßsituation,
einschlägige Gruppenerwartungen,
Drogeneinwirkung,
aktuelle Meinungstrends z. B. antiautoritärer oder restriktiver Art

b) *Manifestierende Bedingungen*
    — *negative Modelle:*
Anregungs-, Versuchungs-, Verführungssituationen negativer Art bei
entsprechender Motivation und Bekräftigung
(sozialer Aspekt)

    — *Erziehungsfehler* partieller oder passagerer Art:
fehlende Maßnahmen der Verhinderung negativer Umwelteinwirkungen durch positive Gegenmodelle des Verhaltens mit entsprechender
Motivierung,
absichtliche oder unabsichtliche Bekräftigung ansatzweisen Fehlverhaltens,
absichtliche oder unabsichtliche Löschung angemessener Verhaltensweisen,
fehlendes oder unzweckmäßiges Angebot von Verhaltensmodellen
für bestimmte Situationen,
mangelnde Motivierung,
mangelnde Methoden des Erlernens angemessener Verhaltensweisen
(lernpsychologischer Aspekt)

    — *Organisch-funktionelle Schäden*
als umschriebene Bedingungen von Beeinträchtigungen:
ererbte, angeborene oder erworbene Sinnesschäden, Motorikschäden,
hirnorganische Schäden usw.
(somatischer Aspekt)

c) *Eskalierende Bedingungen (fixierender, intensivierender und generalisierender Art):*
    — Fortbestand der disponierenden und manifestierenden Bedingungen
    — Verstärkung von Fehlverhalten durch unzweckmäßige Reaktion mit
Belohnungseffekt

(lernpsychologischer Aspekt)
— Verstärkung durch traumatische Erlebnisse (Unfälle, Besitzverlust, Todesfälle usw.)

(tiefenpsychologischer Aspekt)
— erzieherische Fehlhaltungen dauernder und umfänglicher Art insbesondere bei Hauptbezugspersonen

(tiefenpsychologischer Aspekt)
— Die disponierenden Bedingungen sind gleichbedeutend mit Gefährdungen. Sie sind zum Teil Auswirkungen von Sozialrückständigen der Gesellschaft
— Disponierende, manifestierende und eskalierende Bedingungen treten häufig in zeitlichem Nacheinander verbunden auf, jedoch lassen sich auch disponierende Bedingungen (Gefährdungen) feststellen, ohne daß manifestierende Bedingungen auftreten (so bei sozio-ökonomisch Benachteiligten, die einen regelhaften Entwicklungsverlauf nehmen); ebenso fehlen gelegentlich nennenswerte disponierende Bedingungen vor dem Auftreten manifestierender Bedingungen
— Ein ausreichendes Verständnis für eine Beeinträchtigung als unerläßliche Voraussetzung für angemessene pädagogische Maßnahmen macht eine komplexe Erfassung der verschiedenen Stufen und Arten ihrer Entstehungsbedingungen erforderlich
— Je stärker eine Bedingungsstufe, desto geringere Faktoren der anderen Stufen genügen, um die vorhandene Beeinträchtigung zu bewirken
— Je stärker die Faktoren auf mehreren Bedingungsstufen, desto stärker ist die vorliegende Beeinträchtigung
— Je stärker die sozialen Benachteiligungen, desto geringere somatische Schäden sind zur Entstehung einer Beeinträchtigung erforderlich
— Je stärker die somatischen Schäden, desto geringere soziale Benachteiligungen sind zur Entstehung einer Beeinträchtigung erforderlich

5. Fragestellung der Sonderpädagogik

— *Die Sonderpädagogik befaßt sich in Theorie und Praxis mit der Erziehung von beeinträchtigten Menschen.* Demgemäß ist sie konzentriert auf die erzieherisch relevanten Besonderungen bei vorliegender Beeinträchtigung unter folgenden Aspekten (vgl. Abb. 6):
— *Unregelhafte Erziehbarkeit* (ätiologischer und diagnostischer Aspekt): Besonderheit der Lernmöglichkeiten, sofern sie sich vorbehaltlich der Ergebnisse einzuleitender Maßnahmen abschätzen lassen

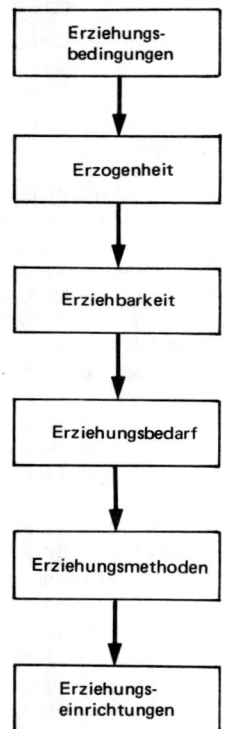

Abb. 6: Fragestellung der Sonderpädagogik.

— *Unregelhafte Erzogenheit* (ätiologischer und diagnostischer Aspekt; Status-
  aufnahme):
  Anteile der Erziehung an den vorliegenden Erschwerungen der Lernmöglich-
  keit unter Abwägung mit somatischen Schädigungen und sozialen Benach-
  teiligungen
— *Unregelhafte Erziehungsbedingungen* (ätiologischer und diagnostischer
  Aspekt):
  Besonderheiten der somatischen, psychischen, materiellen und sozialen
  Lernbedingungen
— *Unregelhafte Erziehungsbedürftigkeit* (teleologischer Aspekt):
  Besondere Erziehungsaufgaben angesichts vorliegender Erzogenheit, Erzieh-

barkeit und Erziehungsbedingungen im Hinblick auf erreichbar erscheinende normbezogene Erziehungsziele.

Die Erziehungsbedürftigkeit ist nicht von der Beeinträchtigung abzuleiten, sondern von der Differenz zwischen Erreichtem und möglich Erscheinendem. Sie ist nicht durch Reduziertheit, sondern durch Unregelhaftigkeit gekennzeichnet

— *Unregelhafte Erziehungswege* (methodischer Aspekt):
Besondere Maßnahmen, Methoden und Techniken angesichts der vorliegenden Lernmöglichkeiten im Hinblick auf die besonderen Erziehungsaufgaben
— *Unregelhafte Erziehungseinrichtungen* (organisatorischer Aspekt):
Besondere Organisationsformen, die zur Realisierung der besonderen Erziehungsaufgaben erforderlich sind

6. Benachbarte Fragestellungen

— *Die allgemeine Pädagogik*
befaßt sich mit dem für alle pädagogischen Spezifizierungen Gültigen. Sonderpädagogik ist eine Spezifikation der allgemeinen Pädagogik. Sie steht neben der Regelpädagogik als einer anderen Spezifizierung der allgemeinen Pädagogik (vgl. Abb. 3)
— *Die Philosophie*
befaßt sich in ihrem Teilbereich der Ethik mit dem zu Erstrebenden und berührt sich dabei mit der Teleologie als einem Teilbereich der Sonderpädagogik, ohne dabei die erschwerenden Bedingungen für das Erreichen der Ziele zum Gegenstand zu haben. Sonderpädagogische Teleologie konzentriert sich demgegenüber auf Zielfragen angesichts gegebener erschwerender Bedingungen, d. h. auf eine Spezifität ethischer Fragestellung
— *Die Sozialpädagogik*
— sofern sie nicht als nahezu identisch mit Pädagogik überhaupt definiert wird — befaßt sich mit der besonderen Erziehung bei vorliegenden sozialen Benachteiligungen schichtspezifischer, regionaler, epochaler oder anderer Art. Insofern ist sie ein *Teilgebiet einer komplex aufgefaßten Sonderpädagogik*
— *Die Psychologie*
befaßt sich mit den Regeln psychischer Abläufe bzw. deren Äußerungen und Beeinflussungen einschließlich der entsprechenden Diagnostik. Insoweit sie dabei ihre Aufmerksamkeit solchen Abläufen zuwendet, die erschwerenden Bedingungen unterliegen, kann sie als sonderpädagogische

Psychologie bezeichnet und als Nachbardisziplin der Sonderpädagogik verstanden werden. Insoweit sie sich mit Maßnahmen zur Behebung von Beeinträchtigungen durch Ingangsetzung von Lernprozessen (etwa als Psychagogik oder als Verhaltensmodifikation) befaßt, wird sie zu einem Teilgebiet der Sonderpädagogik.

Ihrem Selbstverständnis als Feststellungswissenschaft liegt die Frage nach dem Wirklichen näher als die nach dem Seinsollenden. Deshalb überschreitet die Reflexion der zu erreichenden Ziele ihren eigentlichen Bereich

— *Die Soziologie*

befaßt sich mit den Formen, Beeinflussungen, Abläufen und Problemen gesellschaftlichen Zusammenlebens. Insoweit sie dabei unregelhafte, Beeinträchtigungen bewirkende Gegebenheiten bedenkt, kann sie als sonderpädagogische Soziologie bezeichnet und als Nachbardisziplin der Sonderpädagogik verstanden werden

— *Die Medizin*

befaßt sich mit vorwiegend somatischen Schäden, ihrer Ätiologie und Diagnostik sowie mit ihrer Therapie im Sinne der Behebung bzw. Besserung oder sonstigen Versorgung mit überwiegend physischen Mitteln (Medikamenten, Physiotherapie, Diät, Operationen, Hilfsmitteln wie Körperersatzstücken usw.).

Sie stellt damit im Rahmen des Möglichen die physischen Voraussetzungen für die Lernprozesse her, deren Ziele und Methoden in das Aufmerksamkeitsfeld der Sonderpädagogik fallen.

Darüber hinaus vermag sie pädagogisch relevante Hinweise bezüglich der zu erwartenden Veränderungen der somatischen Voraussetzungen für Lernprozesse zu geben. Insofern sind Medizin und Sonderpädagogik Nachbardisziplinen, wobei sich für den *pädagogischen Bereich* die auf *Lernprozesse* abzielenden Maßnahmen *(Erziehung),* für den *medizinischen Bereich* dagegen die *physischen Beeinflussungsmöglichkeiten (Therapie)* als Aufmerksamkeitszentren anbieten.

Insoweit verschiedene Teildisziplinen der Medizin, insbesondere Pädiatrie und die Psychiatrie, neben somatischer Therapie auch auf die Ingangsetzung von Lernprozessen angewiesen sind, überschneiden sie sich mit der Sonderpädagogik

— Die verschiedenen benachbarten Disziplinen berühren und überschneiden mit ihren Fragestellungen und Maßnahmen ebenso die Sonderpädagogik wie sie miteinander verflochten sind (vgl. Abb. 7)

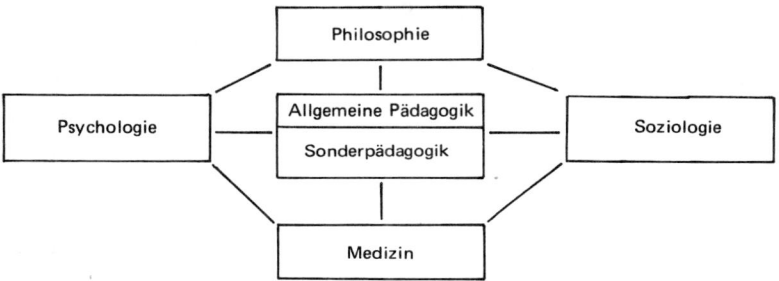

Abb. 7: Benachbarte Fragestellungen der Sonderpädagogik.

— Durch eine *schwerpunktmäßige Konzentration* auf den zentralen Beitrag der eigenen Disziplin wird eine qualifizierte Partnerschaft zwischen den verschiedenen Disziplinen, ein arbeitsteiliges Kooperationsverhältnis in Überwindung undienlicher Hegemonieansprüche oder unqualifizierter Dienstfertigkeiten auch in den Überschneidungsgebieten am ehesten angebahnt werden können (vgl. Abb. 8)

Beispiel: Sonderpädagogik und Medizin

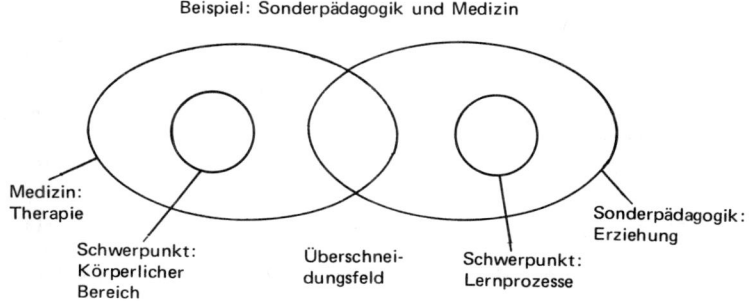

Abb. 8: Schwerpunktkonzentration der Disziplinen.

2. Sondererziehung bei Behinderungen

1. Begriffe

a) *Sondererziehung*
  - *Sondererziehung ist die Theorie und Praxis der Erziehung bei vorliegenden Behinderungen*
  - Parallelbegriff ist Behindertenpädagogik
  - *Sondererziehung (Behindertenpädagogik) ist ein Teilgebiet der Sonderpädagogik*

b) *Behinderungen*
  - Zweck der Zusammenfassung einer Gruppe von Menschen unter dem Begriff der Behinderung ist die Konzeption und Organisation besonderer pädagogischer Hilfen angesichts einer unregelhaften Bedarfslage des Personenkreises
  - *Behinderungen* sind Beeinträchtigungen eines Menschen hinsichtlich seiner Personalisation und Sozialisation von
    - *umfänglicher* (d. h. mehrere Lernbereiche betreffender) *und*
    - *schwerer* (d. h. graduell mehr als ein Fünftel unter dem Regelbereiche liegender) *und*
    - *langfristiger* (d. h. voraussichtlich nicht im Laufe von zwei Jahren dem Regelbereich anzugleichender) Art
  - Behinderungen sind durch erhebliche Unregelhaftigkeiten in den Bereichen des Erziehungsprozesses gekennzeichnet
  - *Störungen* sind bezüglich ihrer geringeren Umfänglichkeit oder Schwere oder Langfristigkeit von Behinderungen unterschieden
  - *Krankheiten* sind im Unterschied zu Behinderungen zeitlich begrenzte Regelabweichungen namentlich im körperlichen Bereich. Sie können zu einer Behinderung führen, sie können auch bei den vorliegenden Behinderungen zusätzlich auftreten. Der Begriff Behinderung bezeichnet im Unterschied zum Begriff der Krankheit weniger das Prozessuale und im Unterschied zum Begriff des *Gebrechens* weniger das Somatische als vielmehr die psychische Gesamtsituation des Betroffenen namentlich hinsichtlich seiner Lernprozesse

- *Leiden* bezeichnen im Unterschied zu Behinderungen vor allem die subjektive Erlebniskomponente bei chronischen Erkrankungen und Gebrechen
- *Schäden* sind die der Behinderung zugrundeliegenden somatischen oder psychischen Gegebenheiten
- *Hindernisse* sind äußere Gegebenheiten, die zu individualen Beeinträchtigungen oder zu bloßen Verhinderungen führen können

2. Formen der Behinderung

- Hauptformen der Behinderung und ihr Anteil im Hinblick auf die Schüler im schulpflichtigen Alter (Deutscher Bildungsrat 1974):

Blindheit	0,012 %
Sehbehinderung (Sehschwäche)	0,3 %
Gehörlosigkeit (Taubstummheit)	0,05 %
Hörbehinderung (Schwerhörigkeit)	0,3 %
Geistige Behinderung (Bildungsschwäche, Praktische Bildbarkeit)	0,6 %
Lernbehinderung	2,5 %
Körperbehinderung (einschl. chron. Erkrankungen)	0,3 %
Sprachbehinderung	0,7 %
Verhaltensbehinderung	1,0 %

- Die Übergänge zwischen Blindheit und Sehbehinderung, zwischen Gehörlosigkeit und Hörbehinderung, zwischen geistiger Behinderung und Lernbehinderung sind fließend. Trotzdem stellen sie — außerhalb eines gemeinsamen Überschneidungsfeldes — Gegebenheiten von pädagogisch deutlich unterschiedener Aufgabenstellung dar
- Bei den Behinderungen lassen sich jeweils schwere und schwerste Formen abheben
- Untere Grenzen der Blindheit, Gehörlosigkeit, der geistigen Behinderung, der Körperbehinderung, Sprachbehinderung und Verhaltensbehinderung sind nicht zu ziehen
- *Bildungsunfähigkeit ist in keinem Falle zu konstatieren.* Bildungsunfähig kann allenfalls die Pädagogik sein, sofern sie noch keine Angebote für Extremsituationen entwickelt hat
- Die oberen Grenzen der Behinderungen bedürfen entschiedener Bestimmung, um zu verhindern, daß Personen einbezogen werden, für die Maßnahmen anderer Art als die für Behinderte vorzusehenden am Platze sind
- Die verbreitete Neigung, den Personenkreis nach oben zu erweitern und nach unten zu begrenzen *(gymnasiale Tendenzen)* bedarf dauernder Aufmerksamkeit

— Die den Behinderungen zugrunde liegenden Schäden sind zu einem großen Teil mit den gegenwärtig vorhandenen Mitteln nicht zu beheben. Trotzdem sollten Behinderungen grundsätzlich nicht als irreversibel oder als nicht beeinflußbar bezeichnet werden, da z. B. neue medizinische Verfahren oder technische Hilfen entscheidende Veränderungen bringen könnten

— Der Grad der Behinderungen ist durch sonderpädagogische Maßnahmen in aller Regel günstig zu beeinflussen, so daß auch *Behinderungen* trotz relativen zeitlichen Andauerns grundsätzlich nicht als festliegende, sondern als *mobile Phänomene* zu sehen sind (vgl. Abb. 9), um nicht durch unbewußte Reduzierung der Erwartungen und Bemühungen zur Erfüllung negativer statischer Vorstellungen beizutragen

	Geistige Behinderung	Lernbehinderung	Lernstörung
häufige			
seltene			
extrem seltene Veränderungen			

Abb. 9: Beispiel für Mobilität von Beeinträchtigungen.

— Die Mobilität der Behinderungen ist jedoch nicht mit beliebiger Veränderbarkeit zu verwechseln, um nicht durch Weckung unerfüllbarer Hoffnungen die zwangsläufige Entstehung tiefgreifender Resignation zu bewirken. Allerdings ist in extremen Ausnahmefällen auch eine Behebung von Behinderungen zu erreichen

— Trotz einer gewissen subjektiven, sozialen, situativen und temporären Relativität der Behinderungen (vgl. 1.3) stellen sie für längere Zeit — nicht selten unbegrenzt — objektiv feststellbare umfängliche und schwere Beeinträchtigungen dar, die nicht durch bloße Korrekturen gesellschaftlicher Vorurteile zu beheben sind

— Pädagogisch bedeutsamer als die durch Schäden eingeschränkten Funktionsbereiche sind die für Lernprozesse *offengebliebenen Möglichkeiten,* die als *Funktionsreste* und als *Funktionsreserven* zu bezeichnen sind (vgl. Abb. 10)

— Ein weiteres Kennzeichen des Behindertseins ist die *Diskrepanz zwischen Können, Wollen und Sollen,* zwischen den offengebliebenen Möglichkeiten und den Selbstansprüchen des Behinderten und den Umwelterwartungen ihm gegenüber, wobei das Wollen durch den Selbstvergleich hinsichtlich zuvor vorhandener Möglichkeiten oder durch den Vergleich mit bestimmten

Merkmalsgruppen (z. B. Altersgruppen), durch Übernahme unangemessener Umwelterwartungen im Sinne der Überforderung oder der Resignation geprägt wird, während sich die Umwelterwartungen zumeist an einer bestimmten altersmäßigen Vergleichsgruppe oder an grundsätzlich eingeschränkten Maßstäben orientieren

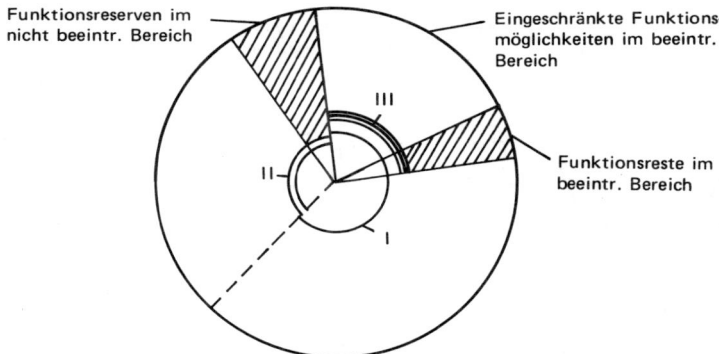

Funktionsreserven im
nicht beeintr. Bereich

Eingeschränkte Funktionsmöglichkeiten im beeintr.
Bereich

III

II

Funktionsreste im
beeintr. Bereich

I

I = regelhaft beanspruchte Funktionsmöglichkeiten
II = regelhaft nicht beanspruchte Funktionsmöglichkeiten
III = beeinträchtigte Funktionsmöglichkeiten

Abb. 10: Offengebliebene Möglichkeiten: Funktionsreste und Funktionsreserven.

— Häufig tritt auf seiten der Umwelt verständliche Beklommenheit als Stufe der Angst auf, die in den Hauptformen: Distanz und Aggression (Spott) bzw. Neugier und Überbesorgtheit (overprotection) gegenüber dem Behinderten bewältigt wird
— Die entsprechenden Fremd- und Selbstüber- bzw. Unterforderungen stellen bei Behinderten in der Regel einen pädagogisch bedeutsamen Sachverhalt dar, der gelegentlich in den Hauptformen des Verbergens und Überkompensierens oder des Zurschaustellens und Ausnutzens der Behinderung seinen Niederschlag findet
— Behinderungen treten in aller Regel nicht isoliert, sondern als Mehrfachbeeinträchtigungen (Syndrome) auf (vgl. Abb. 11)
— *Mehrfachbeeinträchtigungen* lassen sich unter ätiologischem, konsekutivem (temporärem) phänomenologischem und graduellem Aspekt beschreiben. Unter dem pädagogisch besonders wichtigen phänomenologisch-graduellen Aspekt ergibt sich folgende Einteilung:

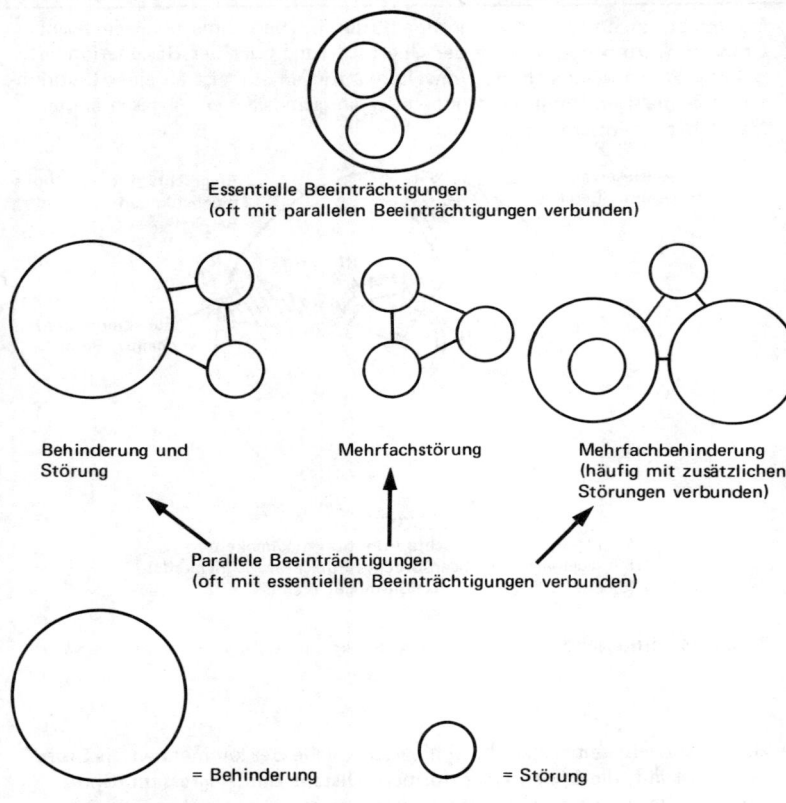

Essentielle Beeinträchtigungen
(oft mit parallelen Beeinträchtigungen verbunden)

Behinderung und Störung

Mehrfachstörung

Mehrfachbehinderung
(häufig mit zusätzlichen Störungen verbunden)

Parallele Beeinträchtigungen
(oft mit essentiellen Beeinträchtigungen verbunden)

= Behinderung   = Störung

Abb. 11: Mehrfachbeeinträchtigungen.

a) *essentielle Mehrfachbeeinträchtigungen,* d. h. Beeinträchtigungen vom Ausmaß einer Störung oder einer Behinderung, die — wenn auch ungenannt — zwangsläufig zur betreffenden Behinderung gehören: so z. B. mehr oder minder umfängliche Koordinations-, Wahrnehmungs- und Sprachbeeinträchtigungen bei vorliegender geistiger Behinderung oder Sprachbeeinträchtigungen bei vorliegender Gehörlosigkeit

b) *parallele Mehrfachbeeinträchtigungen,* d. h. mit gewisser Häufigkeit durch den gleichen oder einen anderen Schaden frühzeitig oder später bewirkte weitere Behinderung oder Störung. Hierzu gehören die mehr oder minder regelmäßigen Folgeerscheinungen bei vorliegender Behinderung vor allem durch unzweckmäßige Umweltreaktionen oder unangemessene Erzieherhaltungen und Erziehungsmaßnahmen

— *Mehrfachbeeinträchtigungen* sind diagnostisch und erzieherisch nicht als ein additives, sondern als ein *strukturelles Problem* zu sehen, da jede weitere Beeinträchtigung bestimmte Einflüsse auf andere vorhandene Beeinträchtigungen ausübt

— Die isolierte Behinderung ist der extreme Ausnahmefall, die Mehrfachbeeinträchtigung ist der *Regelfall.* Eine Differenzierung des Beeinträchtigungskomplexes ist insofern von großer Bedeutung, als sie Voraussetzung für eine differenzierte Hilfe ist und das Übersehen einer einzelnen Beeinträchtigung verhüten kann. Dementsprechend ist die isolierte Betrachtung einer Behinderung unangebracht

— Sondererziehung bedarf in aller Regel der Ergänzung durch Maßnahmen der Fördererziehung, der Vorsorgeerziehung und der Gesellschaftserziehung

— Bei den Maßnahmen ist die *Gesamtsituation der Familien mit Behinderten* grundsätzlich einzubeziehen, da nicht selten erschwerende Haltungen entstehen wie etwa

Hilflosigkeit, Verzweiflung
Selbstvorwurfshaltung, Schuldgefühle
Beobachtungshaltung
Feindschaftshaltungen gegenüber der Umwelt
Opferhaltung
Fluchthaltung, Verdrängung, Betriebsamkeit, Krankheit
Illusionshaltung, Verleugnung, Reaktionsbildung
Gleichgültigkeitshaltung, Ablehnung

— Hinsichtlich der *Geschwister des Behinderten* treten häufig Benachteiligungen, Überforderungen und soziale Isolierungen oder Bevorzugungen auf, die sich nicht nur für den Behinderten, sondern auch für den Nichtbehinderten zum Teil in der Form erheblicher Störungen negativ auswirken können

3. Entstehungsbedingungen von Behinderungen

— Behinderungen können aufgrund somatischer und aufgrund psychischer Schäden entstehen. Koppelungen sind häufig (vgl. 1.4)
— Beide Arten von Schäden können durch Sachumwelt, personale Umwelt und Mangel der Erziehung bewirkt oder verstärkt werden. Koppelungen und Verschränkungen dieser Bedingungen sind häufig (vgl. Abb. 4).

- Somatische Schäden sind unter Umständen eher zu bessern oder zu beheben als psychische, Sachumweltbedingungen lassen sich im Prinzip leichter verbessern als personale Umweltbedingungen
- Behinderungen können aus Störungen hervorgehen, sofern es zu umfänglichen Generalisierungen und Fixierungen der Störungen kommt
- Je ungünstiger die Umweltbedingungen sind, desto eher erhält eine Beeinträchtigung das Gewicht einer Behinderung. Dementsprechend sind in sozio-ökonomisch benachteiligenden Milieus relativ große Anteile an Behinderungen zu erwarten (vgl. Abb. 12)

Beispiele:

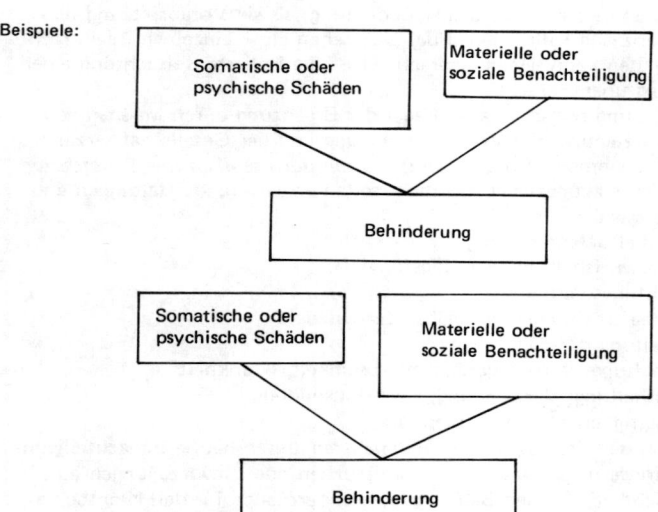

Abb. 12: Entstehungsbedingungen von Behinderungen.

4. Ziele der Sondererziehung

a) *Allgemeines*
- Allgemeines Ziel der Sondererziehung ist es, angesichts vorliegender Behinderung *optimale Personalisation und Sozialisation* zu ermöglichen, wobei Personalisation die *Enkulturation* und *Emanzipation* einschließt.

Personalisation und Sozialisation bedürfen einander als sich wechselseitig fördernde Bedingungen. Optimale Teilhabe (Erfülltheit) ist Vorausset- zung für optimale Mitwirkung (Tüchtigkeit), die ihrerseits zur Teilhabe (Erfülltheit) beiträgt. Dabei sind neben den Rechten des Behinderten auch die Interessen der Gesellschaft zu berücksichtigen

— Die Ziele der Sondererziehung bedürfen einer weitmöglichen, jedoch *kritischen Ausrichtung an den Zielen der regelhaften Erziehung,* um dem Behinderten einen optimalen Kommunikationshorizont zu eröffnen

b) *Fehlziele*

Häufige Fehlziele im Bereiche der Erziehung Behinderter sind

— Erziehung zu bloßer *Angepaßtheit* (Unauffälligkeit), die sich von Ein- geordnetheit durch das Fehlen eigener produktiver Beiträge unterschei- det und die Personalisation vernachlässigt, wie es auch bei einem unkri- tischen Streben nach *Normalisierung* des Behinderten unter Übersehung dringender Verbesserungsbedürftigkeiten des sogenannten Normalen ge- schieht

— Erziehung zur *Brauchbarkeit* (Verwendbarkeit), die sich von einer Er- ziehung zur Tüchtigkeit dadurch unterscheidet, daß die eigenen Bedürf- nisse unzureichend berücksichtigt werden und der Behinderte nur unter dem Aspekt seiner *Nützlichkeit* für die Interessen anderer gesehen wird

— Erziehung zu bloßem *Wohlbefinden* im Sinne einer *protektionistisch- wohlmeinenden Zielreduzierung* auf eine unterstellte Eigenwelt oder im Sinne einer norm-negierenden Emanzipation des Behinderten, die zu Isolierungen und Sozialisationsmängeln führt und Abhängigkeiten ver- größert statt sie abzubauen. Emanzipation kann nur insofern als sinn- volles pädagogisches Ziel gelten, als die Frage eine angemessene Beant- wortung findet, wovon und wozu Emanzipation angestrebt wird

— Erziehungsverzicht und Konzentration auf *bloße physische Pflege* ist eine verkappte Form der Euthanasie des Menschen als Menschen, der auf Erziehung angewiesen ist

c) *Spezielle Ziele*

Die Ziele der Sondererziehung sind nicht durch Eingeschränktheit, sondern durch Modifikation gemäß den besonderen Bedürfnissen und Möglichkeiten angesichts vorliegender Behinderung gekennzeichnet:

— *Optimierung der Lernmöglichkeiten* des Behinderten, um zu einer weit- möglichen Verbesserung seiner Gesamtsituation beizutragen — statt durch statische Behinderungsvorstellungen konservierende Einflüsse auszuüben. Hierzu gehören die Substitution, d. h. die weitmögliche Mobilisierung der Funktionsreste des beeinträchtigten Funktionsbereichs, und die Kom- pensation, d. h. die weitmögliche Mobilisierung von Funktionsreserven in nicht beeinträchtigten Funktionsbereichen, die im regelhaften Lern- prozeß im allgemeinen nicht herangezogen werden

— *Optimierung der Eingliederungsfähigkeit (Integrationsfähigkeit)* des Behinderten, um seinen Kommunikations-, Erfahrungs-, Anregungs- und Mitwirkungshorizont weitmöglich zu dimensionieren. Hierzu gehört auch die für den Behinderten oft extrem erschwerte Bindung im *sexuellen Bereich* und die Fähigkeit zu brückenschlagendem *Umgang mit Nichtbehinderten.*

Integration von Behinderten und Nichtbehinderten ist gekennzeichnet durch

— normale Beachtung der Behinderten durch die Nichtbehinderten
— intensiven persönlichen Kontakt zwischen Behinderten und Nichtbehinderten
— verschiedenartige gegenseitige Anregungen
— vielfältige gemeinsame Tätigkeiten
— die Übernahme bestimmter Aufgaben durch den Behinderten in einer Gruppe
— die gegenseitige Respektierung von Besonderheiten und Bedürfnissen der Behinderten wie der Nichtbehinderten

Sinn der Integration ist die Anteilnahme des Behinderten am gemeinsamen Leben, die Bereicherung und fördernde Stimulierung des Behinderten durch Nichtbehinderte, die Eröffnung eines Feldes der Selbstverwirklichung und Selbstbestätigung

— *Optimierung der Selbständigkeit,* um zu weitmöglicher Unabhängigkeit zu führen
— *Optimierung der inneren Ausgeglichenheit* (emotionale Sicherheit), d. h. Überwindung extremer Diskrepanzen zwischen Wollen und Können und Distanzierungsfähigkeit gegenüber unangemessenen Umweltansprüchen
— Überholung der subjektiven Frage nach dem *Sinn des Behindertseins* durch Eröffnung objektiver Lebensaufgaben
— In der Regel stellen die Bemühungen um eine optimale *psychische Stabilisierung der Angehörigen* Behinderter ein unverzichtbares Teilziel der Sondererziehung dar; dabei geht es vor allem um eine emotionale Bejahung des Behinderten, so wie er ist, um die Hinblicknahme auf die offengebliebenen Möglichkeiten, auf angemessene Nahziele und Methoden, auf ein förderliches Verhalten gegenüber der Umwelt und um eine vertretbare Einordnung des Behinderten ins Familiengesamt
— Bei verschiedenen Behinderungen ergeben sich im Überschneidungsfeld von Medizin und Pädagogik bestimmte *medico-pädagogische Aufgaben,* deren Übernahme seitens der Erziehung unerläßlich ist — so die Beobachtung physischer Entwicklungsverläufe, die Beachtung bestimmter medizinischer Schon-, Medikations- und Apparateverordnungen, die erforderliche ergänzende Übung hinsichtlich spezieller Funktionen

5. Methoden der Sondererziehung

— Die Erziehungsmethoden (Erziehungswege) angesichts vorliegender Behinderungen richten sich nach den offengebliebenen Lernmöglichkeiten und nach dem besonderen Erziehungsbedarf (Abb. 13)

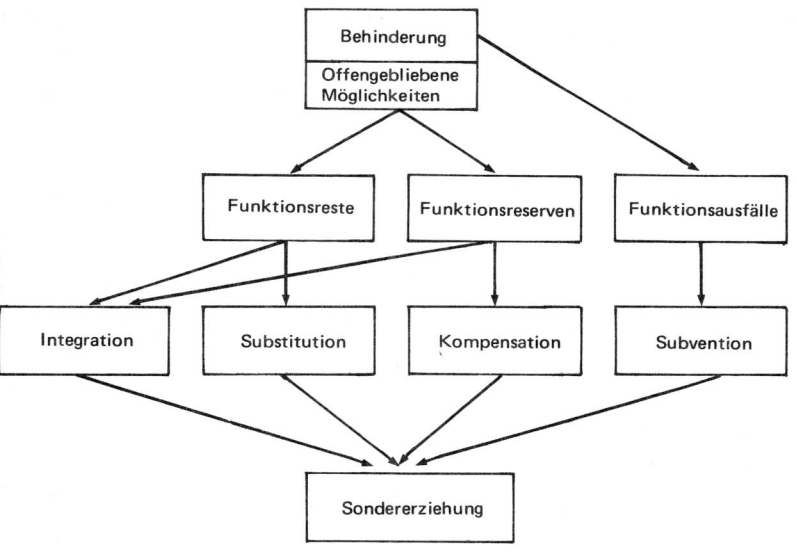

Abb. 13: Sondererziehung bei Behinderungen.

— *Substitutive (unterstützende) Methoden* sind durch ausdrückliche Übung und Heranziehung von *Funktionsresten* der beeinträchtigten Funktionsbereiche (z. B. Hörreste bei Gehörlosigkeit) für den Erziehungsprozeß gekennzeichnet. Sie bedürfen häufig ergänzender und zum Teil unregelhafter Medien
— *Kompensierende (ersetzende) Methoden* sind durch Erschließung und Benutzung von *Funktionsreserven,* die im regelhaften Lernprozeß kaum beansprucht werden (z. B. Fußschreiben bei Ohnhändern) für den Erziehungsprozeß gekennzeichnet. Sie bedürfen häufig ergänzender und zum Teil unregelhafter Medien

- *Subventionierende (ergänzende) Methoden* sind durch *erleichternde Erziehungsbedingungen* und verringerte Anforderungen gekennzeichnet, die substituierende und kompensierende Methoden ergänzen
- *Integration als Methode* der Sondererziehung ist durch weitmögliche gemeinsame Erziehung Behinderter und Nichtbehinderter gekennzeichnet. Sie dient ebenso einer Stimulierung der Lernprozesse Behinderter wie der Förderung der Hilfsbereitschaft und Aufgeschlossenheit seitens der Nichtbehinderten. Das Maß möglicher gemeinsamer Erziehung bzw. Unterrichtung wird durch die besonderen Lernbedürfnisse und Methoden, die nicht vernachlässigt werden dürfen, bestimmt. Deshalb ist eine differenzierte Integration — im Gegensatz zu totaler Koedukation wie zu totaler Separation — erforderlich (vgl. Abb. 14)

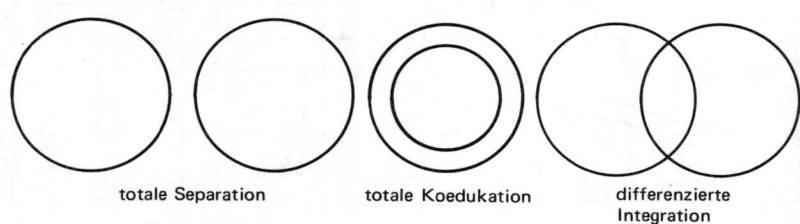

totale Separation   totale Koedukation   differenzierte Integration

Abb. 14: Integration von Behinderten und Nichtbehinderten im Erziehungsprozeß.

- Verzicht auf pädagogische Bemühungen, wenn durch bestimmte Funktionsminderungen oder -ausfälle regelhafte Methoden nicht anwendbar sind, läßt sich als *Minuspädagogik* bezeichnen (Dispensierung z. B. Körperbehinderter oder Blinder von Sport, Werken und Handarbeiten)
- Unterstützende, ersetzende und ergänzende Methoden sind wegen ihrer Unregelhaftigkeit im allgemeinen *zeitaufwendiger als Regelmethoden* (so z. B. konkretes Vor- und Nachmachen im Unterrichtsprozeß Geistigbehinderter), die sich teils bereits wegen ihrer Zeitvorteile zu Regelmethoden selegiert haben bzw. teils wegen ihrer allgemeinen Geübtheit zeitüberlegen sind
- Unterstützende, ersetzende und ergänzende Methoden sind zum Teil umständlicher und an ausführliche Anfangshilfen gebunden, so daß sie *individualisierungsaufwendiger* sind (so z. B. das Lesenlernen der Blindenschrift)
- Als ergänzende Methode im Rahmen der Erziehung Behinderter spielt die *Beratung* der Miterzieher eine besondere Rolle — nicht zuletzt hinsichtlich der erforderlichen Einweisung der Angehörigen in die unregelhaften, ungewohnten Lehrmethoden (z. B. antlitzgerichtetes Sprechen mit Hörbehinderten, anschauend vollziehendes Unterweisen bei Geistigbehinderten)

— Als *medico-pädagogisch* sind diejenigen Maßnahmen zu bezeichnen, die weitgehend der Anbahnung bzw. Verbesserung bestimmter körperlicher Funktionen dienen, jedoch ausdrücklich fortführender Übungen im Rahmen pädagogischer Bemühungen bedürfen (z. B. das Einschleifverfahren von Bewegungsmustern bei bestimmten Körperbehinderungen)

6. Einrichtungen der Sondererziehung

— Hinsichtlich des besonderen, unregelhaften und zusätzlichen Erziehungsbedarfs und im Hinblick auf die erforderlichen besonderen, zum Teil extrem zeit- und individualisierungsaufwendigen Methoden bei vorliegender Behinderung bedarf es teils zusätzlicher, teils besonderer Einrichtungen zur Realisierung der entsprechenden Erziehungsmaßnahmen, soll nicht durch ein „normales" Angebot eine Vernachlässigung und damit eine Vergrößerung der behinderungsbedingten Chancenungleichheit eintreten

— *Je umfänglicher die Behinderung, desto umfänglicher ist der besondere Erziehungsbedarf*

a) *Sonderpädagogische Beratungsstellen* (für behinderte Kinder von der Geburt an)

  — Der Erziehung Behinderter in den ersten Wochen, Monaten und Jahren kommt wegen der Plastizität dieses Lebensalters und wegen der Gefahr der Fixierung von unzweckmäßigen Verhaltensweisen besondere Bedeutung zu

  — *Aufgaben* der sonderpädagogischen Beratungsstellen sind:

    — Pädagogisch-psychologische *Frühdiagnostik* bei Behinderten und bei sogenannten Risikokindern

    — Die Vorbeugung

    — Die Beratung der Eltern bzw. Angehörigen über die Gesamtsituation des behinderten Kindes

    — Einweisung der Eltern in die erforderlichen Übungsprogramme der *Früherziehung*

    — Praktische Anleitung der Eltern für die Hausfrüherziehung

    — Emotionale Stabilisierung der Eltern

    — Vermittlung der ärztlichen Frühdiagnose und Frühbehandlung

    — Vermittlung sozialer Beratung und Hilfe

  — Sonderpädagogische Beratungsstellen stehen auch für die Probleme der folgenden Lebensphasen sowie für vorliegende Störungen und Gefährdungen zur Verfügung, sofern hierfür nicht spezielle Einrichtungen bestehen

  — *Als Arbeitsformen* der Beratungsstellen bieten sich an:

    — Ambulante Einzelberatung und -anleitung für Erzieher und Kind

- Ambulante Gruppenberatung für Eltern mit ähnlichen Fragestellungen als Ergänzung der Einzelberatung (Spielnachmittage, Elternabende)
- Stationäre Einzel- und Gruppenberatung über eine Reihe von Tagen bzw. Wochenenden für weiter entfernt wohnende Eltern
- Ambulante oder stationäre Erziehungsmaßnahmen im Beisein der Mutter
- Hausberatung der Eltern durch einen Mitarbeiter, teils mit einem entsprechend ausgerüsteten Mehrzweckkombiwagen
- Telefonische Zwischenberatung
- Elternbriefe
- Sonderpädagogische Beratungsstellen werden sich zweckmäßigerweise auf bestimmte, häufig auftretende Behinderungen konzentrieren, andere Probleme dagegen durch fallweise zugezogene Mitarbeiter oder durch spezielle Einrichtungen abklären lassen

b) *Sonderkindergarten* (für behinderte Kinder vom 4. bis 6. Lebensjahr)
- Sonderkindergärten haben die Aufgabe
  - die häusliche Erziehung zu ergänzen (keineswegs jedoch, sie zu ersetzen)
  - die gezielte pädagogische Förderung zu intensivieren durch Entwicklung der Gemeinschaftsfähigkeit, Selbständigkeit, Spielfähigkeit und Aufgabenbereitschaft
  - den Eintritt in die Schule vorzubereiten
  - das Elternhaus für bestimmte Zeiten des Tages zu entlasten und
  - das Elternhaus für die häusliche Erziehung und Fortsetzung der Erziehungsarbeit des Kindergartens zu beraten
- Sonderkindergärten sind für die Kinder erforderlich, die wegen des Umfangs, des Grades und der Dauer ihrer Beeinträchtigung so weitgehender spezieller erzieherischer Hilfe bedürfen, wie sie durch zusätzliche Maßnahmen in allgemeinen Kindergärten nicht angeboten werden kann und deren Durchführung das behinderte Kind in solchem Maße aus seiner Gruppe entfernen würde, daß seine Isolierung zu erwarten ist. Das trifft in der Regel vor allem für körperbehinderte, geistigbehinderte, blinde und gehörlose Kinder zu
- Sonderkindergärten bedürfen grundsätzlich einer engen Verbindung mit Regelkindergärten, um außerhalb der behindertenspezifischen Maßnahmen vielfältige Kontakte zwischen behinderten und nichtbehinderten Kindern fördern zu können
- Auch ist eine Lokalisierung in einer Gegend, die Anregung, Erlebnisse und eine vielfältige Vorbereitung des Kindes auf sein späteres Leben sowie vielfältige Außenkontakte ermöglicht, erforderlich

c) *Sonderschulen* (für behinderte Kinder vom 6. bis 15. bzw. 18. Lebensjahr)
Sie sind ausschließlich für Kinder mit den verschiedenen Behinderungsfor-

men erforderlich und nicht für Schüler mit Störungen, die in Regelschulen zu fördern sind. Dies gilt auch für Zweifelsfälle

— Besondere Gruppen für Schüler im Zweifelsbereich mit weniger umfänglichen Behinderungen sind als Aufgabe der jeweils nach oben anschließenden Schule anzusehen, soll es nicht zu permanenten negativen Selektions- bzw. ehrgeizigen *gymnasialen Tendenzen* kommen

— *Durchlässigkeit* der Sonderschulen zu den anschließenden Schulen ist unerläßlich, um Schüler mit besonderen Entwicklungsverläufen den Übergang in eine geeignetere Schule zu ermöglichen. Eine curriculare Anhebung von Sonderschulen zugunsten besonders geförderter Schüler führt dagegen zu einer unzweckmäßigen Ausweitung des Sonderschulwesens

— Sonderschulen dienen der Erfüllung der Schulpflicht von Schülern jeweils einer Behinderungsform vom Eintritt des Schulalters an — unabhängig vom Grade der Behinderung. Zurückstellungen oder die Behauptung einer „*Sonderschulbildungsunfähigkeit*" mißachten den Bildungsanspruch behinderter Kinder. Nur in extremen Ausnahmefällen ist Hausunterricht als Ersatzform des Schulunterrichts vertretbar

— Der besondere Erziehungsbedarf ist nach dem Umfang der jeweiligen Behinderung zu bemessen. Gemäß der zum Teil extremen Zeitaufwendigkeit der Lernprozesse bei Behinderten und hinsichtlich der besonderen Erziehungsbedürftigkeit erweist sich in der Regel eine *Verlängerung der Schulbesuchszeit* für Behinderte um ein bis drei Jahre zur Wahrung der Chancengerechtigkeit als unerläßlich.

— *Für mehrfachbehinderte Schüler* sind *besondere Züge* im Rahmen derjenigen Sonderschulen zweckmäßig, welche für Behinderungen eingerichtet sind, die besonders kostenaufwendige Installationen erforderlich machen (so z. B. Züge für Lernbehinderte und Geistigbehinderte in Sonderschulen für Körperbehinderte). Dagegen erlauben unspezifische Sammelsonderschulen für verschiedenartige Behinderungen keine differenzierte pädagogische Hilfeleistung. Ebensowenig empfehlen sich überdifferenzierte Sonderschulen für Mehrfachbehinderungen der verschiedenen Arten, da sie zu undifferenzierten Kleinsteinrichtungen führen würden

— *Zusätzliche Störungen* sind durch spezielle Fördermaßnahmen im Rahmen der verschiedenen Sonderschulen anzugehen

— Hinsichtlich der Aufgabe der Sozialisation des Behinderten kommt *weitmöglicher Integration* der Erziehung Behinderter in allgemeine Erziehungsbezüge in der Schule ebenso wie im Kindergarten und in der Berufsausbildung besondere Bedeutung zu. Soll der besondere Erziehungsbedarf (einschließlich des Bedarfs an besonderen Methoden) nicht vernachlässigt werden, ist bei Lernprozessen, bei denen besonderes Lernverhalten des Behinderten von Bedeutung ist, eine *gemeinsame Unter-*

richtung Behinderter und Nichtbehinderter nur *unter folgenden Bedingungen* vertretbar:

- Entsprechend vorgebildete, zusätzliche Lehrkräfte, um dem individuellen Erziehungsbedarf Rechnung zu tragen
- Entsprechende Zielmodifikationen, um dem besonderen Erziehungsbedarf Rechnung zu tragen
- Entsprechende Unterrichtsmittel, um dem besonderen Methodenbedarf Rechnung zu tragen
- Entsprechende Unterrichtsorganisation, um dem besonderen Zeitbedarf Rechnung zu tragen
- Entsprechende Bauten und Installationen, um den besonderen physischen Gegebenheiten Rechnung zu tragen
- Sofern diese Voraussetzungen nicht erfüllt sind, trägt ein gemeinsamer Unterricht wegen seiner Ineffizienz in der Regel zu einer Vergrößerung des behinderungsbedingten Chancendefizits der Behinderten bei, da die behinderungsbedingte *extreme Heterogenität von Lerngruppen* zu Abkoppelungserscheinungen im Sinne des Abschaltens und der Resignation sowie der sozialen Ausgliederung der unteren Randgruppen zu führen pflegt (vgl. Abb. 15). Dies läßt sich auch beobachten, wenn mehr als ein Drittel der Veranstaltungen außerhalb der Stammlerngruppe — etwa in der Form behinderungsspezifischer Maßnahmen — absolviert werden muß

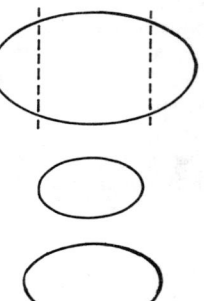

I.

Extreme Heterogenität mit Ausscheren der oberen und unteren Randgruppen

II.

Extreme Homogenität mit mangelnder Gruppenspannung und geringer gegenseitiger Stimulationsmöglichkeit

III.

Optimale Homogenität = optimale Heterogenität mit fruchtbaren Gruppenspannungen und Stimulierungen

Abb. 15: Homogenität und Heterogenität von Lerngruppen.

— Demgemäß ist, sofern die genannten Bedingungen nicht erfüllt sind, nur
für relativ wenige Behinderte in relativ begrenzten Unterrichtssituationen
eine gemeinsame Unterrichtung mit Nichtbehinderten sinnvoll

— Andererseits haben Sonderschulen nur insofern eine Berechtigung, als sie
gekennzeichnet sind durch eine besondere behindertenadäquate Zielset-
zung und Methodik, durch behinderungsgemäße Unterrichtsorganisation
einschließlich der Pausenfrequenz und -gestaltung, durch den Umfang
ihres besonderen Angebotes auch in zeitlicher Hinsicht, durch Individualisierung ermöglichende Lehrer-Schülerrelationen, durch entsprechend
ausbildungsmäßig qualifizierte Lehrkräfte und durch der besonderen
Aufgabe entsprechende bauliche, installationsmäßige und ausstattungs-
mäßige Voraussetzungen

— Es besteht keinerlei Anlaß, außerhalb von Veranstaltungen, bei denen
es um lernverhaltensabhängige Prozesse geht, Behinderte gesondert zu
erziehen

— Namentlich für die Aufgabe der *Sozialerziehung,* die durch Anleitung
zur Bewältigung größerer Heterogenität bezüglich verschiedener Verhaltensweisen gekennzeichnet ist, erweist sich eine durchgängige behinderungsspezifische Homogenität von Gruppen als besonders ungünstig

— *Sonderschulen bedürfen* daher grundsätzlich einer engen *Verbindung
mit Regelschulen,* um außerhalb des behinderungsspezifischen Unter-
richtes vielfältige Kontakte zwischen behinderten und nichtbehinderten
Kindern fördern zu können. Diese Kontakte bedürfen bestimmter organisatorischer Formen — z. B. gleichzeitige Benutzung von Pausenhof,
Fluren, Werkräumen, Turnhallen und anderen Einrichtungen durch Behinderte und Nichtbehinderte; Patenschaften von Gruppen Nichtbehinderter für Behinderte, regelmäßige gemeinsame Schulveranstaltungen,
Schulfeste usw.; Beratung und Anleitung der nichtbehinderten Schüler
hinsichtlich angemessener Verhaltensweisen gegenüber Behinderten

— Erziehungseinrichtungen für Behinderte sollten nicht in extrem abge-
legene Gegenden oder in Randlagen plaziert werden, sondern in Sied-
lungsgebiete, in denen sich Kontaktmöglichkeiten ergeben und in denen
auch die Umwelt sinnvolle Umgangsformen gegenüber den Behinderten
lernen und üben kann

— *Nachbarschafts- und Umweltkontakte* bedürfen regelmäßiger Pflege z. B.
durch gemeinsame Benutzung öffentlicher Spielplätze und Schwimm-
bäder, durch Unterrichtsgänge, ,,offene Schultür'', Laienmitarbeit seitens
der Nachbarschaft usw. Alle Bemühungen um eine Eingliederung des
Behinderten bleiben aussichtslos, wenn keine Gelegenheit zu vielfältiger
Auseinandersetzung mit der Umwelt gegeben wird, und wenn die Umwelt ihrerseits keine Gelegenheit hat, sich mit dem Behinderten ausein-
anderzusetzen, seine Probleme kennenzulernen und durch vielfältige
Begegnungen zu einer verständigen Haltung ihm gegenüber zu gelangen

— *Großeinrichtungen* mit über 200 Behinderten sowie *Sammelzentren,* in denen Sonderkindergarten, Sonderschule und evtl. noch Werkstatt für Behinderte und Wohnstätten zusammengefaßt sind — wobei u. U. sogar die entsprechenden Einrichtungen für verschiedene Behindertengruppen konzentriert sind, entsprechen den Integrationserfordernissen nicht, da sie eine *Gettobildung* in dem Sinne verstärken , als einer Binnenkonzentration auf Kosten der Außenkontakte Vorschub geleistet wird, was vermehrt zu einer behindertenspezifischen Milieubildung führt (vgl. Abb. 16)

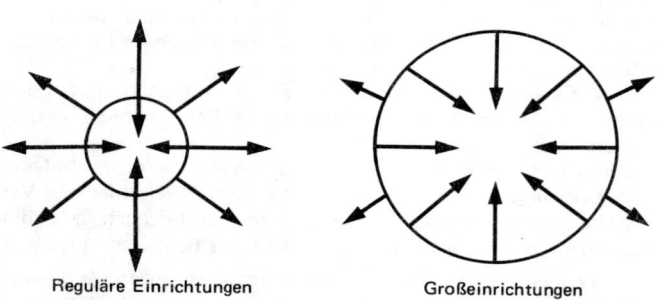

Reguläre Einrichtungen   Großeinrichtungen

Abb. 16: Binnenkonzentration und Außenkontakte von regulären und von Großeinrichtungen.

d) *Sondereinrichtungen der Sekundarstufe II und des Hochschulbereiches* (Sondergymnasien, Sonderrealschulen, Sonderberufsschulen, Hochschulen)
  — *Sondererziehung sollte nach Möglichkeit eine abnehmende Größe sein,* indem sie Behinderte im Rahmen ihrer Möglichkeiten instand setzt, auch reguläre Erziehungseinrichtungen mit Erfolg zu besuchen
  — Trotzdem bleiben für einen Teil der Behinderten besondere *Realschulen, Gymnasien und Berufsschulen* bzw. entsprechende weiterführende Schulen unerläßlich (so z. B. insbesondere für bestimmte Blinde, Gehörlose, Körperbehinderte). Wegen der geringen Zahl des Personenkreises erweisen sich — abgesehen von Ballungszentren — zentrale Einrichtungen mit überregionalem Einzugsbereich und einer Ergänzung durch Wocheninternatsplätze als unerläßlich. Wegen dieser Gegebenheiten ist die Beachtung der Integrationsbedürfnisse bezüglich Plazierung, Nachbarschaft zu anderen Schulen und Größenordnung von besonderer Bedeutung
  — Für einen Teil der Behinderten wird im Bereiche der Sekundarstufe II und im Tertiärbereich bereits eine *Integration in reguläre Schulen* bzw. Hochschulen hinreichend vorzubereiten und durch *individuelle Förder-*

maßnahmen zu gewährleisten sein (so z. B. für eine Reihe von Sehbehinderten, Hörbehinderten, Sprachbehinderten)

— Bezüglich der Berufsausbildung Behinderter bedarf es neben speziellen Klassen für einige Behindertengruppen und neben Fördermaßnahmen für bereits integrierbare Gruppen vor allem *anerkannter Ausbildungsberufe, die auch Behinderten erreichbar sind,* um attraktive Ziele der beruflichen Bildung und entsprechende Curricula zu eröffnen.

Diese Berufe sollten jedoch nicht als Teil-, Anlern- oder Behindertenberufe bezeichnet und damit diskriminiert, sondern so definiert werden, daß sie jedem Interessierten zugänglich sind, der die entsprechenden Anforderungen zu erfüllen vermag.

Dementsprechend bedürfen auch die Fachklassen für den Unterricht im Rahmen der Ausbildung für diese Berufe im allgemeinen keine Zusatzbezeichnung etwa ,,für Lernbehinderte'' oder ,,für Geistigbehinderte''

— Durch das Fehlen einer qualifizierten Berufsausbildung für verschiedene Behindertengruppen werden die Ergebnisse der sonderschulischen Bemühungen häufig wieder in Frage gestellt

e) *Besondere Einrichtungen der Erwachsenenbildung*

— Für einige Behindertengruppen sind spezielle Veranstaltungen bzw. Einrichtungen der Erwachsenenbildung erforderlich — etwa zur Information über neue behindertenspezifische Alltagstechniken und -hilfen (so z. B. für Blinde, Gehörlose, Körperbehinderte)

— Für einige, vor allem erst im Erwachsenenalter Behinderte sind berufliche *Umschulungskurse* bzw. entsprechende Berufsförderungswerke erforderlich

— Für einige Behindertengruppen werden weiterführende Bildungsangebote zweckmäßigerweise *in Werkstätten für Behinderte und in Wohnheimen für Behinderte* zu eröffnen sein, sofern sich keine anderen organisatorischen Möglichkeiten z. B. wegen der Verkehrsverhältnisse bzw. wegen der mangelnden Verkehrstüchtigkeit der entsprechenden Behinderten erreichen lassen

— Wenn irgend möglich, ist eine einseitige, horizontverengende und das Behindertenthema überzeichnende Fixierung von Behinderten auf Behindertenvereine als hauptsächlicher Kommunikationsrahmen zu vermeiden. Auch *Klubs für Behinderte* sollten stets als Klubs für Behinderte und Nichtbehinderte konzipiert sein — sofern sich eine reguläre Teilnahme Behinderter an allgemeinen Klubs nicht ermöglichen läßt

f) *Heime für Behinderte*

— Die Erziehung Behinderter sollte — soweit als möglich — in regulären Erziehungsbezügen verlaufen, um die regelhafte Welt mit ihren Problemen realistisch erschließen zu können und eine weitmögliche Eingliederung des Behinderten zu gewährleisten. Die Erziehung im Familienbereiche ist daher einer Erziehung im Heim (Anstalt) grundsätzlich vorzuziehen

- *Gründe für eine Erziehung Behinderter in Heimen* sind vor allem — sofern sich keine grundlegende Abhilfe schaffen oder keine befriedigende Pflegestelle finden läßt —
  - das Fehlen der Eltern
  - Überforderung der Eltern hinsichtlich der Erziehung des Behinderten
  - Überbelastung durch chronische Erkrankungen von anderen Familienmitgliedern
  - extreme emotionale Spannungen im Familienbereich
  - Überbelastung durch auf das behinderte Kind folgende weitere Kinder
  - häusliche, nicht überwindbare Schwierigkeiten der Pflege des Behinderten — namentlich in Anbetracht des Gesundheitszustandes der Eltern
  - medizinische Erfordernisse, die eine unmittelbare Nähe des Arztes bedingen
  - extrem ungünstige Verkehrsverhältnisse, die ein Verbleiben im Elternhaus und den täglichen Besuch offener Einrichtungen auch nicht per Taxe erlauben
- Heime (Anstalten) sollten durch Vermeidung von integrationshemmenden Größenordnungen (von mehr als 120 Behinderten) und Plazierungen (isolierte Lage), durch angemessene bauliche Gliederung und entsprechende Erziehungsmaßnahmen eine weitmögliche Eingliederung in reguläre Lebensbezüge gewährleisten

g) *Sondererziehung außerhalb von Einrichtungen*
  - Besondere Bedeutung kommt einem aufgeschlossenen und situationsgerechtem Verhalten gegenüber dem Behinderten im *Bereiche der Familie und der Öffentlichkeit* zu
  - Entsprechende Beratung und Beeinflussung der Umwelt des Behinderten stellt daher einen integrierten Teil der Aufgaben jeder Einrichtung für Behinderte dar

3. Fördererziehung bei Störungen

1. Begriffe

a) *Fördererziehung*
  - *Fördererziehung ist die Theorie und Praxis der Erziehung bei vorliegenden Störungen*
  - *Fördererziehung ist ein Teilgebiet der Sonderpädagogik*

b) *Störungen*
  - Zweck der Zusammenfassung von Beeinträchtigungen unter dem Begriff der Störung und ihrer Abhebung von Behinderung ist die Konzeption und Organisation differenzierter pädagogischer Hilfen, die hinsichtlich ihrer Eigenart wesentlich stärker in regelhafte Erziehungsbezüge integriert sein können als Maßnahmen der Sondererziehung und — bei mangelnder Unterscheidung zwischen Störungen und Behinderungen — nur unbefriedigend wahrgenommen oder ganz übersehen werden — aufgrund der Faszination durch umfänglichere Beeinträchtigungen
  - *Störungen* sind Beeinträchtigungen eines Menschen hinsichtlich seiner Personalisation und Sozialisation von
    - *partieller* (d. h. nur einen begrenzten Lernbereich betreffender) *oder*
    - *weniger schwerer* (d. h. graduell weniger als ein Fünftel vom Regelbereich abweichender) *oder*
    - *kurzfristiger* (d. h. in bis zu zwei Jahren dem Regelbereich voraussichtlich einzuordnender) Art — im Vergleich zu Behinderungen
  - Störungen sind durch begrenzte Unregelhaftigkeiten im Bereich des Erziehungsprozesses gekennzeichnet
  - Störungen können langfristige Beeinträchtigungen sein, die jedoch weniger umfänglich und schwer sind; Störungen können schwere Beeinträchtigungen sein, die jedoch weniger umfänglich sind und nur auf kurze Zeit bestehen; Störungen können umfängliche Beeinträchtigungen sein, die jedoch nur von geringer Schwere oder Dauer sind
  - Störungen als „leichte Behinderungen" zu bezeichnen, empfiehlt sich nicht, da dieser Begriff die spezielle Notlage und pädagogische Dringlichkeit eher verdeckt als hervorhebt

- Störungen als „relative Behinderungen" zu bezeichnen, empfiehlt sich nicht, da dieser Begriff suggeriert, Behinderungen als nichtrelative Gegebenheiten anzusehen
- Störungen als „soziale Benachteiligungen" zu bezeichnen, empfiehlt sich nicht, da dieser Begriff Entstehungsbedingungen und nicht das Beeinträchtigtsein selber benennt — und da Störungen neben sozialen Benachteiligungen verschiedenartige andere Entstehungsbedingungen haben können
- Störungen als „von Behinderung Bedrohtsein" zu bezeichnen, empfiehlt sich nicht, da Behinderungen keine handelnden Subjekte, sondern oft eher gerade Ausfallserscheinungen sind, die zudem keineswegs notwendig an das vorherige Vorhandensein von Störungen gebunden sind; ferner erlaubt der Ausdruck nicht die erforderliche Unterscheidung zwischen bereits objektiv feststellbaren individualen Beeinträchtigungen als möglichen Vorstufen von Behinderungen und den bloßen Bedingungen für solche Beeinträchtigungen (Gefährdungen), die noch nicht zu Beeinträchtigungen geführt haben
- Störungen als „Deviationen" zu bezeichnen, empfiehlt sich wegen des diskriminierenden Beiklangs dieses Wortes nicht
- *Behinderungen* sind bezüglich ihrer größeren Umfänglichkeit, Schwere und Langfristigkeit von Störungen unterschieden
- *Auffälligkeiten* sind — im Unterschied zu Störungen — Gegebenheiten, die vom Regelbereich abweichen, die jedoch noch nicht objektiv hinreichend abgeklärt sind
- *Gefährdungen* sind — im Unterschied zu Störungen — außerindividuale erziehungsrelevante Gegebenheiten, die so stark vom Regelbereich abweichen, daß erfahrungsgemäß mit dem Entstehen von individualen Beeinträchtigungen zu rechnen ist, wenn nicht besondere pädagogische Maßnahmen (Vorsorgeerziehung) ergriffen werden
- Bezüglich der Unterscheidung zu Krankheiten, Schäden, Hindernissen vgl. 2.1

2. Formen und Entstehungsgründe von Störungen

- Hauptformen der Störungen und ihr geschätzter Anteil an den Altersjahrgängen des Kindes- und Jugendalters:

Lernstörungen	10 %
Verhaltensstörungen	10 %
Sprachstörungen	5 %
Bewegungsstörungen	5 %
Sehstörungen	1 %
Hörstörungen	1 %

Die Schätzzahlen beziehen sich nicht durchgängig auf denselben Personenkreis, sondern auf die von Jahr zu Jahr zum Teil wechselnden Personen
mit entsprechenden Störungen
— Störungen treten in allen Lebensaltern von der Säuglingszeit bis zum
Erwachsenenalter auf. Sie sind keineswegs auf das Schulalter beschränkt,
wenn sie hier auch am häufigsten bemerkt werden
— *Die Übergänge* zwischen
    Lernstörungen und Lernbehinderungen
    Verhaltensstörungen und Verhaltensbehinderungen
    Sprachstörungen und Sprachbehinderungen
    Sehstörungen und Sehbehinderungen
    Hörstörungen und Hörbehinderungen
sind *fließend.*
Trotzdem stellen sie außerhalb eines gewissen Überschneidungsfeldes
Gegebenheiten von pädagogisch deutlich unterschiedener Aufgabenstellung
dar
— Im Überschneidungsfeld zwischen Behinderungen und Störungen kann von
schweren Störungen gesprochen werden. Die Grenzen sollten aus erziehungs-
organisatorischen Gründen möglichst tief gezogen werden: Die verbreitete
Neigung zu selegierenden Entscheidungen (Abschiebetendenzen) bedarf
dauernder Aufmerksamkeit
— Im Zweifelsfalle ist eine Beeinträchtigung eher zu den Störungen als zu den
Behinderungen zu rechnen
— Den Störungen liegen teils somatische und teils psychische Schäden zugrunde, häufig in gekoppelter Form. Diese Schäden sind teils zu bessern,
teils zu beheben und teils nicht zu korrigieren
— Störungen sind jedoch grundsätzlich zunächst als *mobile,* d. h. als pädagogisch positiv beeinflußbare *Gegebenheiten* anzusehen
— Störungen stellen trotz ihrer subjektiven, sozialen, situativen und temporären Relativität objektiv feststellbare Beeinträchtigungen dar, die besonderer pädagogischer Hilfe bedürfen
— Störungen treten häufig nicht isoliert, sondern als *Mehrfachstörungen* gekoppelt auf (Abb. 17)

Beispiel:

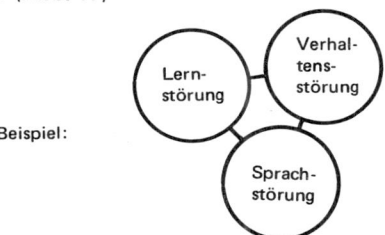

Abb. 17: Mehrfachstörungen.

- Gelegentlich haben zwei Störungen die gleiche Entstehungsbedingung — so z. B. ein Sigmatismus aufgrund einer Hörstörung. Oft ist eine weitere Störung die Folge unzweckmäßiger Umweltreaktionen oder Erziehungsmaßnahmen auf eine Störung, so z. B. eine Verhaltensstörung im Gefolge einer Lernstörung
- Die verschiedenen Störungen verstärken sich häufig wechselseitig und sind demgemäß nicht additiv, sondern strukturell zu sehen
- Behinderungen sind häufig mit mehreren Störungen gekoppelt; in großer Häufigkeit finden sich Bewegungs-, Sprach- und Verhaltensstörungen im Zusammenhang mit anderweitigen Behinderungen
- *Störungen können durch eskalierende (fixierende und vor allem durch generalisierende) Bedingungen zu Behinderungen werden*
- *Als Hauptarten von Störungen* lassen sich unterscheiden
  a) *Lücken:*
  bestimmte Wissens- und Könnenslücken, unzureichende Sprachentwicklung usw. bis hin zu Fehlhaltungen im Sinne von mehr oder minder großen Steuerungsmängeln (Verwahrlosung). — Als Entstehungsgründe kommen u. a. in Frage: Krankheiten, Unfälle, methodische Fehler, mangelnde Übung, soziale Pressionen sowie Erziehungsversäumnisse — namentlich (jedoch keineswegs ausschließlich) im Rahmen sozio-kulturell auffälligen Milieus usw.
  b) *Fehler:*
  Fehlvorstellungen, bestimmte Angewohnheiten, unzweckmäßiges Lernverhalten, Sprachfehler, Lese-Rechtschreibschwäche, unzweckmäßige Bewegungsmuster, körperliche Haltungsfehler, Verhaltensstörungen usw. bis hin zu umfänglichen Fehlhaltungen im Sinne mehr oder minder umfänglicher Übersteuerung (Neurose). — Als Entstehungsgründe kommen u. a. in Frage: Begrenzte Sinnesschäden, körperliche Auffälligkeiten, Erziehungsfehler methodischer oder haltungsmäßiger Art, Verführungen usw.
  c) *Unsicherheiten:*
  im intellektuellen, praktischen und sozialen Bereich, im Benehmen, im sprachlichen Ausdruck, im Lernverhalten usw. — Als Entstehungsgründe kommen u. a. in Frage: Krankheiten, körperliche Auffälligkeiten, begrenzte Sinnesschäden, Gewöhnung an orthopädische Hilfsmittel, Zahnregulierungsapparate usw., familiäre Spannungen, soziale Barrieren, Entwicklungskrisen, Schul-, Klassen-, Lehrer- oder Milieuwechsel, Angst, Kontaktblockaden usw.

3. Ziele der Fördererziehung

- Allgemeines Ziel der Fördererziehung ist, die vorliegenden Störungen so weitgehend und rasch als möglich zu *beheben* bzw. entsprechende Hilfen bei nicht korrigierbaren Beeinträchtigungen anzubieten, um optimale Personalisation und Sozialisation des Beeinträchtigten zu gewährleisten
- Die Ziele der *Fördererziehung* sind demgemäß *am Regelbereich orientiert*
- Fördererziehung ist also lediglich *ergänzender Teil der Gesamterziehung* eines Menschen
- Wegen der oft bewirkenden bzw. verstärkenden Umwelt- und Erziehungseinwirkungen und -reaktionen hinsichtlich der Störungen stellt eine entsprechende *Beeinflussung der Haupterzieher* sowie der persönlichen und der Sachumwelt und der öffentlichen Einstellungen zum Menschen mit Störungen in der Regel eine unerläßliche Aufgabe der Fördererziehung dar
- Bei verschiedenen Störungen ergibt sich ein Überschneidungsfeld zwischen medizinischem und pädagogischem Aufgabenbereich — namentlich sofern es sich um die gleichzeitige ärztliche Therapie eventuell zugrunde liegender somatischer Schäden der Störungen neben den pädagogischen Fördermaßnahmen des Ergänzens, Berichtigens und Unterstützens handelt. Eine wechselseitige Veranlassung und Unterstützung zwischen medizinischem und pädagogischem Bereich ist in diesen Fällen unerläßlich

4. Methoden der Fördererziehung

- Die Methoden der Fördererziehung ergeben sich aus den Arten der Störungen (vgl. Abb. 18). Sie lassen sich folgendermaßen einteilen:
  a) *Ergänzung bei vorhandenen Lücken:*
     Aufklärung, Training, Nacherziehung in den betreffenden Bereichen
  b) *Berichtigung bei vorliegenden Fehlern:*
     Löschung von Fehlerhaftem, Anbahnung angemessener Einstellungen und Verhaltensweisen, Umerziehung in den betreffenden Bereichen
  c) *Unterstützung bei vorliegenden Unsicherheiten:*
     Beratung, Bestätigung, Training, emotionale Bekräftigung in den betreffenden Bereichen
- *Integration als Methode* der Förderung im Sinne einer weitmöglichen gemeinsamen Erziehung mit Personen, bei denen keine Störungen oder Behinderungen vorliegen, dient der Stimulierung der Lernprozesse zur Überwindung der Störungen und fördert zugleich Verständnis und Hilfsbereitschaft auf der anderen Seite

— Als ergänzende Methode im Rahmen der Fördererziehung kommt der *Beratung der Miterzieher* hinsichtlich angemessener Einstellungen und der erforderlichen Unterstützung der Maßnahmen besondere Bedeutung zu

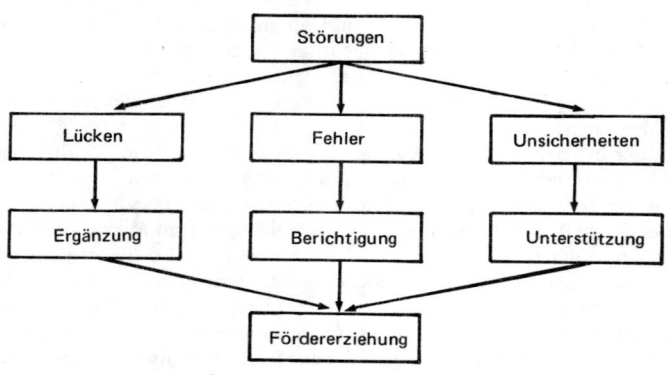

Abb. 18: Fördererziehung bei Störungen.

5. Maßnahmen und Einrichtungen der Fördererziehung

— Art und Dauer der erforderlichen fördererzieherischen Maßnahmen richten sich nach Art, Umfang, Schwere und Dauer der vorliegenden Störung
— Jede Maßnahme der Fördererziehung ist eine über das Übliche hinausgehende Maßnahme. Deren Besonderheit bewirkt zwangsläufig eine zeitweise Besonderung der Person mit einer Störung
— *Die Besonderung ist räumlich und zeitlich so gering wie möglich zu halten,* d. h. auf das durch die Störung bzw. durch die Fördererziehung bedingte unerläßliche Maß zu beschränken, um eine optimale soziale Integration der Person mit Störungen zu erhalten
— Maßnahmen der Fördererziehung sind demgemäß nach Möglichkeit als Begleitmaßnahmen im Rahmen allgemeiner Einrichtungen durchzuführen und nicht — wie sondererzieherische Maßnahmen bei vorliegenden Behinderungen — z. B. im Schulalter in der Form der Sonderschulen
— Fördererzieherische Maßnahmen und Einrichtungen sind *für alle Altersstufen* — und nicht nur für das Schulalter — erforderlich
— Fördererzieherische Maßnahmen und Einrichtungen sind von mindestens ebenso großer pädagogischer Bedeutung wie sondererzieherische Maßnah-

men und Einrichtungen; daher bedarf es eines wohlausgebauten, differenzierten *Systems der Fördererziehung.* Sporadische und improvisierte Unternehmungen sind — allein im Hinblick auf die Größenordnung und Fluktuation des zu bedenkenden Personenkreises — unzureichend

— Eine *Durchlässigkeit der fördererzieherischen Einrichtungen* ist unerläßlich, da sich oft erst im Rahmen der fördererzieherischen Bemühungen der Umfang der Störungen genau abklären läßt und da sich durch die getroffenen Maßnahmen Veränderungen ergeben, die veränderte organisatorische Bedingungen erfordern

— Gemäß dem Umfang wie der Eigenart der verschiedenen Störungen und der zusätzlich zu berücksichtigenden individuellen, sozialen und institutionellen Gegebenheiten ergibt sich *für das erforderliche System von Einrichtungen der Fördererziehung eine horizontale, an der Eigenart der Störungen, und eine vertikale, am Umfang der zusätzlichen Maßnahmen orientierte Gliederung;* dabei ergibt sich eine Eskalation der Fördermaßnahmen, die einerseits durch den zeitlichen Umfang der Bemühungen und andererseits durch das Maß der damit verbundenen Extegration des betreffenden Menschen aus seinen regulären Bezügen gekennzeichnet ist (vgl. Abb. 19)

— Im wesentlichen bieten sich folgende Einrichtungen der Fördererziehung an:
  — *Funktionale Erziehungsberatung*
    als einrichtungsinterne, z. B. als Erziehungsberatung des Kindergartens oder der Schule
  — *Institutionelle Erziehungsberatung*
    in der Form des Schulpsychologischen Dienstes oder als Erziehungsberatungsstelle des Jugendamtes, eines psychotherapeutischen Institutes oder anderer Träger
  — *Sonderpädagogische Beratungsstelle*
    als Beratungsstelle für Sehgestörte, für Hörgestörte usw. sowie deren Eltern, Erzieher oder Lehrer — teils als fliegende Beratungsstelle mit bestimmten Sprechzeiten an bestimmten Orten
  — *Differenzierung der Erziehungsarbeit*
    (bzw. des Unterrichts) — klassen- bzw. gruppenintern nach Zielen und Methoden im Hinblick auf vorliegende Störungen
  — *Individuelle Erziehungsarbeit*
    im Sinne der beiläufigen Förderung eines einzelnen im Gruppen- oder Klassenrahmen in begrenztem zeitlichem Umfang
  — *Förderstunden*
    im Klassen- bzw. Gruppenrahmen zur zeitlich zusätzlichen Förderung bestimmter Personen mit bestimmten Störungen in kleineren Gruppen mit flexibler Zusammensetzung (Mathematikgruppen, Lesegruppen, Schreibgruppen, Ablesegruppen usw.) für ein bis vier Quartale
  — *Förderkurse*
    Mathematikkurse, Sprachheilkurse, Lese-Rechtschreibkurse, Schreibkurse,

Turnkurse, Spielkurse usw. — klassen- bzw. gruppen- oder auch schulübergreifend bzw. im Rahmen der Erwachsenenbildung — zeitlich zusätzlich in einer oder mehreren Wochenstunden über mehrere Monate bis zu zwei Jahren, zum Teil als Wechselgruppen

— *Niveaukurse*
als klassenübergreifende Einrichtung in einzelnen Fächern, in denen alle Schüler einer bestimmten Leistungsstufe unabhängig von ihrer Klassenzugehörigkeit gemeinsam unterrichtet werden

— *Einzelförderung*
Einzelunterricht, Nachhilfeunterricht usw. — zeitlich zusätzlich außerhalb des Klassen- bzw. Gruppenrahmens für einige Wochenstunden

— *Förderklassen bzw. Fördergruppen*
als auf Zeitabschnitte bis zu zwei Jahren orientierte Institutionen mit geringen Frequenzen, speziellen Zielen, besonderen Fachkräften — jedoch nicht ausschließlich auf den Bereich der vorliegenden Störung konzentriert, sondern als kurzfristige Gesamterziehung unter besonderen Bedingungen

— *Förderheim*
Sprachheilheim, Psychotherapieheim, verhaltenstherapeutisch arbeitendes Therapieheim usw. — zur Behebung bzw. Besserung von Störungen in einem auf einige Wochen oder Monate begrenzten Zeitraum, sofern vorübergehender Milieuwechsel indiziert ist oder wegen besonderer geographischer Verhältnisse keine andere fachlich und umfangsmäßig entsprechende Fördermöglichkeit besteht

— Je umfänglicher und schwerer eine Störung, desto umfänglicher ist die Fördermaßnahme anzusetzen

— Wenn auch umfängliche Fördermaßnahmen nicht zum erwarteten Erfolg führen, sind Maßnahmen der Sondererziehung angezeigt, um eine wirksame Hilfe zu gewährleisten

— Wenn wesentlich *mehr als ein Drittel* der Lernveranstaltungen der Stammlerngruppe (im Kindergarten, in der Schule usw.) für mehr als zwei Jahre wegen fördererzieherischer Maßnahmen versäumt werden bzw. in besonderen Kursen absolviert werden müssen, reduziert sich die Chance der angestrebten sozialen Integration zu Lasten der Gefahr einer sozialen Extegration, so daß Maßnahmen der Sondererziehung zu erwägen sind

— Maßnahmen der Förderziehung sind durch ihre weitgehende Eingliederung im Rahmen der Regeleinrichtungen gekennzeichnet. Zugleich bedürfen sie einer engen Beziehung zu den Einrichtungen der Sondererziehung und ihren Fachkräften

— Die Effizienz fördererzieherischer Maßnahmen ist abhängig von dem störungs- bzw. aufgabenspezifischen Kenntnis- und Fähigkeitsstand der betreffenden Erzieher und von den entsprechenden Installationen und Ausstattungen der Einrichtungen

— Maßnahmen der Fördererziehung bedürfen häufig einer Ergänzung durch Maßnahmen der Vorsorgeerziehung, um vorhandene Gefährdungen mit Bedingungs- bzw. Verstärkungsmomenten für Störungen weitmöglich aufzuheben

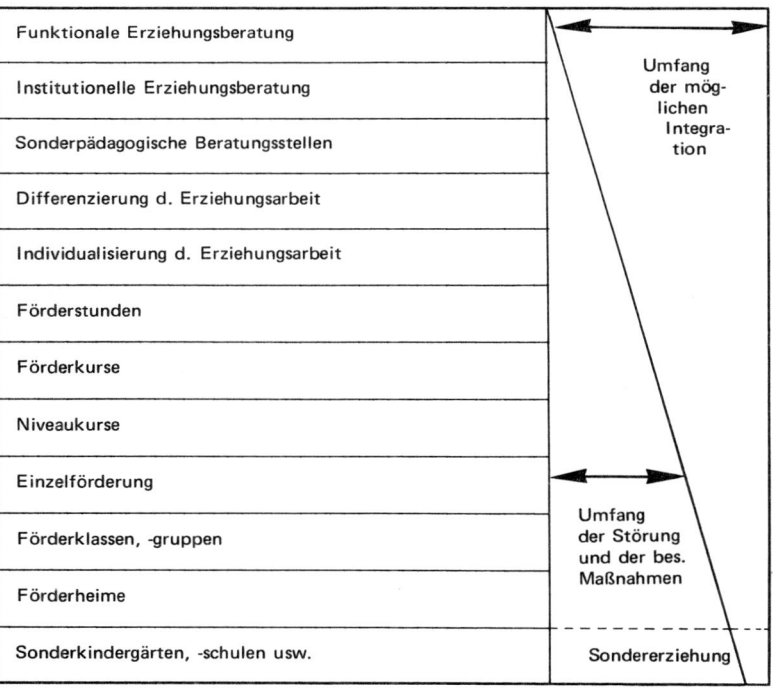

Funktionale Erziehungsberatung

Institutionelle Erziehungsberatung

Sonderpädagogische Beratungsstellen

Umfang der möglichen Integration

Differenzierung d. Erziehungsarbeit

Individualisierung d. Erziehungsarbeit

Förderstunden

Förderkurse

Niveaukurse

Einzelförderung

Förderklassen, -gruppen

Förderheime

Umfang der Störung und der bes. Maßnahmen

Sonderkindergärten, -schulen usw.

Sondererziehung

Abb. 19: Einrichtungen der Fördererziehung.

4. Vorsorgeerziehung bei Gefährdungen

1. Begriffe

a) *Vorsorgeerziehung*
  - *Vorsorgeerziehung ist die Theorie und Praxis der Erziehung bei vorliegenden Gefährdungen*
  - *Vorsorgeerziehung ist ein Teilgebiet der Sonderpädagogik*
  - Parallelbegriffe sind Sozialpädagogik i. e. S. und Fürsorgeerziehung i. w. S.
b) *Gefährdung*
  - Gefährdungen sind Beeinträchtigungen eines Menschen, die in der Form *somatischer, ökonomischer oder sozialer Lebensbedingungen* so stark vom Regelbereich abweichen, daß sie erfahrungsgemäß Störungen oder Behinderungen nach sich zu ziehen oder zu verstärken pflegen, sofern nicht besondere Maßnahmen ergriffen werden
  - Zweck der Zusammenfassung von Beeinträchtigungen unter dem Begriff der Gefährdung ist die Konzeption und Organisation differenzierter pädagogischer Hilfen, die zum Teil noch kaum ins Auge gefaßt, zum Teil jedoch im Rahmen nivellierender sonderpädagogischer Maßnahmen nicht angemessen artikuliert werden
  - *Störungen* sind — im Unterschied zu Gefährdungen — bereits objektiv feststellbare individuale Beeinträchtigungen
  - *Sozio-kulturelle Benachteiligungen* sind lediglich ein Teilbereich von Gefährdungen

2. Bedingungen und Formen der Gefährdung

  - Gefährdungen für die Personalisation und Sozialisation eines Menschen können in vom Regelbereich abweichenden erschwerenden Bedingungen ihren Ausgang haben:
a) *Somatische Bedingungen*
  - Schwangerschafts- und Geburtsunregelmäßigkeiten (,,Risikokinder'')

- Erkrankungen in der Säuglingszeit
- Schwerere Erkrankungen oder Unfälle in der Folgezeit
- Chronische Kränklichkeit
- Dauernde physische Überlastung usw.

b) *Sachumweltbedingungen*
- Unzureichende Wohnverhältnisse
- Unterbringung in Obdachlosensiedlung
- Längerer Krankenhausaufenthalt
- Aufenthalt in Säuglings- und Erziehungsheimen
- Unzureichende ökonomische Familienverhältnisse
- Luxurierendes Milieu usw.

c) *Personale Umweltbedingungen*
- Häufiger Wohnortwechsel
- Soziale Isolierung
- Anregungsarme Nachbarschaft
- Einzelkindsituation
- Geburt von Geschwistern
- Negative Gruppeneinflüsse
- Überfordernde Normen usw.

d) *Erzieherische Gegebenheiten*
- Fehlen eines oder beider Elternteile
- Längere Erkrankungen der Eltern
- Arbeitsmäßige Überlastung der Eltern
- Aushäusigkeit der Eltern
- Große Geschwisterzahl
- Überlastung der Eltern durch Behinderung von Geschwistern
- Schwachsinn, Alkoholismus, Rauschgiftsucht der Eltern
- Anpassungsschwierigkeiten der Eltern (Umsiedlung usw.)
- Spracharmut der Eltern
- Fehlende emotionale Anregung
- Zerrüttete Ehe der Eltern
- Anfälligkeit der Eltern für extreme Erziehungsmoden (z. B. autoritäre, antiautoritäre, sexualexhibitionistische, drogenliberale, prohibitive Erziehung) usw.
- Schlechte Schulverhältnisse

- Gefährdungen können Verhinderungs-, Versagungs-, Versuchungs- oder Verführungscharakter tragen
- Gefährdungen beruhen zumeist auf einer *Koppelung verschiedener erschwerender Bedingungen*
- Anzahl, Art und Wirksamkeitsdauer der erschwerenden Bedingungen bestimmen das Gewicht der Gefährdung
- Obgleich das Maß der Gefährdung stets von den subjektiven Bewältigungsmöglichkeiten der erschwerenden Bedingungen abhängig ist und neben die-

ser subjektiven auch eine soziale, temporäre und situative Relativität besteht, bedürfen Gegebenheiten der genannten Art als objektive Indizien für Gefährdungen ernstgenommen und mit Maßnahmen der Vorsorgeerziehung beantwortet zu werden

— *Gefährdungen sind disponierende Bedingungen für die Entstehung von Störungen* und können als *eskalierende* (fixierende, intensivierende, generalisierende) *Bedingungen* das Gewicht von Störungen und Behinderungen unter Umständen wesentlich *verstärken*

— Wegen der nahezu regelmäßigen Folgen von Gefährdungen in der Form von Störungen oder Behinderungen ist eine isolierte Vorsorgeerziehung (Sozialpädagogik i. e. S.), die nicht zugleich individuale Beeinträchtigungen und die entsprechenden pädagogischen Konsequenzen wahrzunehmen vermag, unzweckmäßig

— Wegen der nahezu regelmäßigen, verstärkenden, wenn nicht bewirkenden Einflüsse von Gefährdungen hinsichtlich der Störungen und Behinderungen ist eine isolierte Sonderpädagogik, die nicht neben den somatischen und erzieherischen zugleich die sozialen Benachteiligungen der Sachumwelt und der personalen Umwelt und die entsprechenden pädagogischen Konsequenzen wahrzunehmen vermag, eine bruchstückhafte Disziplin. Durch die traditionelle laboratoriumsmäßige Verengung der Sonderpädagogik auf die individualen Beeinträchtigungen werden neben den wichtigen somatischen und psychologischen Entstehungsbedingungen und den entsprechenden Aufgaben die gravierenden sozialen Benachteiligungen pädagogisch oft nur höchst unzureichend zur Kenntnis genommen

3. Ziel der Vorsorgeerziehung

— Ziel der Vorsorgeerziehung ist es, zu einer Bewältigung von Erschwerungen für eine optimale Personalisation und Sozialisation beizutragen

— Vorsorgeerziehung zielt
  — auf weitmögliche *Verbesserung* der die Gefährdung bedingenden erzieherischen Beeinflussungsgegebenheiten
  — auf weitmöglichen *Ausgleich* fehlender oder unzureichender Erziehungsbeeinflussung
  — auf *Ersatz* für weitgehend fehlende Erziehungsmaßnahmen
  — auf weitmögliche *Immunisierung* gegenüber vorab nicht behebbaren Beeinflussungen .
  — auf *Schutz* vor in absehbarer Zeit nicht behebbaren negativen Beeinflussungen

— Vorsorgeerziehung ist also nicht Gesamterziehung, sondern *lediglich ergänzender Teil der Erziehung* eines Menschen, insofern sie unregelhafte (feh-

lende oder unzureichende) Bedingungen auszugleichen sucht
— Vorsorgeerziehung bedarf in der Regel der Ergänzung durch materielle und gelegentlich durch medizinische Hilfen

4. Maßnahmen und Einrichtungen der Vorsorgeerziehung

— Außerhalb der Erziehungsmaßnahmen i. e. S. liegen die erforderlichen Bemühungen um die Aufhebung bzw. weitmögliche Korrektur der somatischen Schäden (z. B. durch Vermittlung entsprechender ärztlicher Behandlung der betreffenden Familienangehörigen) und der sozialen Benachteiligungen (z. B. durch Vermittlung wirtschaftlicher Unterstützung, Wohnungsbeschaffung, Familienhilfe)
— Hauptmaßnahmen und -einrichtungen der Vorsorgeerziehung sind (vgl. Abb. 20):

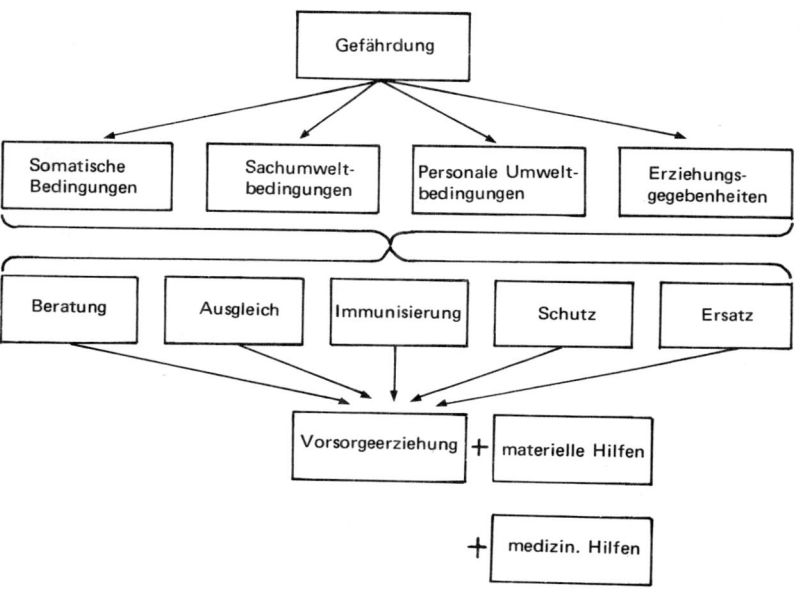

Abb. 20: Vorsorgeerziehung bei Gefährdungen.

- *Beratung und Anleitung der Haupterzieher* (neben Eltern auch Großeltern, ältere Geschwister, Ehepartner) hinsichtlich einer methodischen und inhaltlichen *Verbesserung* der erzieherischen Beeinflussung — im Rahmen funktioneller oder institutioneller Erziehungsberatung
- *Ausgleich mangelnder* kognitiver, sprachlicher, emotionaler und motorischer *Förderung* (komplexe kompensatorische Erziehung) im Rahmen von Freizeiteinrichtungen, von Kindergärten, Vorschulen, Horten und Ganztagsschulen. Trotz der Notwendigkeit einer bevorzugten Aufnahme von Gefährdeten in derartige Einrichtungen muß eine Öffnung auch für Nichtgefährdete gewährleistet sein, um eine positive Stimulierung zu ermöglichen und eine Verstärkung der Gefährdung durch Desintegration der Einrichtung in der Form z. B. von Obdachlosenkindergärten oder Armenschulen zu vermeiden
- *Immunisierung des Gefährdeten* gegenüber vorab nicht behebbaren negativen Einflüssen durch Schaffung attraktiver, motivierender positiver Gegenmodelle — im Rahmen allgemeiner Erziehungs- bzw. Unterrichtsveranstaltungen bzw. durch Einzelbeeinflussung oder durch Vermittlung von Kontakten zu Personen bzw. Gruppen, die entsprechende Einflüsse auszuüben vermögen (Erziehungshelfer, Bewährungshelfer, Jugendgruppen, Klubs, Freizeitheime usw.)
- *Schutz vor* in absehbarer Zeit nicht behebbaren extrem *negativen Beeinflussungen* durch Herausnahme aus der benachteiligenden Umwelt — im Rahmen der Fürsorgeerziehung, wobei durch die Art der Maßnahmen (z. B. geeignete Pflegestellen) gesichert sein muß, daß sie neben dem Schutz eine deutliche Verbesserung der erzieherischen Einflüsse gegenüber dem vorherigen Zustand erbringen
- *Ersatz für* weitgehend *fehlende Erziehungsmaßnahmen* (z. B. bei als Erziehern ausfallenden Eltern) — durch Pflegestellen, Adoption oder Maßnahmen der Fürsorgeerziehung, wobei gleichfalls die oben genannten Bedingungen gelten
- Da die Wirksamkeit der Schutz- und Ersatzerziehungsmaßnahmen weitgehend von der Qualität und Intensität der erzieherischen Beeinflussung und von der Wirklichkeitsnähe der angebotenen Lebensverhältnisse abhängig ist, werden in der Regel engagierte persönliche Bezugsverhältnisse heimmäßig institutionalisierten Formen der Vorsorgeerziehung vorzuziehen sein, sofern diese nicht gleichfalls instand gesetzt werden, eine nicht hospitalisierende Erziehung anzubieten
- Wegen der Schwierigkeit, eine befriedigende Schutz- bzw. Ersatzerziehung in Heimen zu gewährleisten, und wegen der benachteiligenden Bedingungen des Heimlebens selbst ist, sofern ein Verbleib in der ursprünglichen Umwelt mit Beratungs- und Immunisierungsmaßnahmen nicht vertreten werden kann, alles daran zu setzen, befriedigende Pflegestellen einzurichten

5. Gesellschaftserziehung bei Sozialrückständigkeit

1. Begriffe

a) *Gesellschaftserziehung*
   - *Gesellschaftserziehung ist die Theorie und Praxis der Erziehung der Gesellschaft hinsichtlich vorliegender Sozialrückständigkeit*
   - *Gesellschaftserziehung in diesem Sinne ist ein Teilgebiet der Sonderpädagogik*
b) *Sozialrückständigkeit*
   - Sozialrückständigkeiten sind *teils individuelle, teils objektivierte Positionen der Gesellschaft, die* ihre Gesamtentwicklung beeinträchtigen, indem sie für einen Teil ihrer Glieder *unzureichende Lebensbedingungen schaffen, erhalten oder verstärken.* Dabei kann es sich um die Benachteiligung von sozialen Schichten, eines Geschlechts, einer Konfession, geographischer Randlagen und von Menschen mit Störungen oder Behinderungen handeln
   - Sozialrückständigkeiten sind Beeinträchtigungen der Gesellschaft, während Gefährdungen Beeinträchtigungen des Individuums sind, die zum Teil durch Sozialrückständigkeiten bewirkt werden

2. Formen der Sozialrückständigkeit

Sozialrückständigkeit tritt in folgenden Hauptformen auf:
a) *Gesellschaftliche Einstellungen:*
   durch Konformismuszwänge gemäß der Gruppennorm ansteckend wirkende, handlungsrelevante negative Positionen vieler einzelner gegenüber physisch, psychisch und sozial Schwachen (in der Form distanzvergrößernder, zu *Vorurteilen* geronnener Meinungen, die auf unzureichenden Kenntnissen über Entstehungsbedingungen und Förderungsmöglichkeiten von Beeinträchtigungen beruhen — namentlich auf der Behauptung der Ererbtheit, der *Nichtveränderbarkeit,* der Schicksalhaftigkeit und *Unausweichlichkeit*)

— Diskriminierung ist dabei zwangsläufig wechselseitig, da auch der Diskriminierende sich diskriminiert und sich aus dem Gesamtbezug extegriert

b) *Gesellschaftliche Motive:*

im allgemeinen nicht reflektierte oder verdrängte Beweggründe für negatives individuelles und gesellschaftliches Handeln gegenüber Beeinträchtigten

— im Sinne einseitiger *Leistungsfaszination,* die zur Abwertung aller unter einer Normschwelle liegender Leistungen führt (sogenannte „unrentable Tätigkeiten")

— im Sinne einseitiger *Normalitätsfaszination,* die zur Abwertung aller unter einer willkürlichen Normschwelle liegenden Daseinsformen führt (sogenanntes „lebensunwertes Leben") — als Abwehrreaktion auf das Gefühl der Unsicherheit und Gefährdung angesichts vorliegender Beeinträchtigungen

— im Sinne einer einseitigen *Konkurrenzfaszination,* die zur Ausschaltung aller Kosten verursachenden Förderungen von schwächeren Arbeitskräften führt (sogenannte „unbrauchbare, unnütze Glieder" der Gesellschaft)

c) *Gesellschaftliche Rollen:*

den Einstellungen und ihren motivierenden Hintergründen entsprechend stilisierte zudiktierte Daseinsformen der Beeinträchtigten und zum Teil auch ihrer Familien

— als Adressaten von Mitleid, Wohltätigkeit
— als Bewährungsfeld der Tugendhaftigkeit Außenstehender
— als Minderheit mit Sündenbockfunktion
— als Bestätigung religiös-politisch-ideologischen Weltverständnisses
— als Auffangkaste für gesellschaftliche Selektionsmechanismen
— als Arbeitskräftereservoir für unangenehme oder diskriminierende Tätigkeiten

d) *Gesellschaftliche Normen:*

in festen *Konventionen* oder *geltendem Recht* objektivierte Regulierungen, die z. B. in folgenden Begriffen ihren Niederschlag finden: Bildungsunfähigkeit, Unerziehbarkeit, Schulunreife, Berufsbildungsunreife, Berufsunreife, Arbeitsunreife. Die entsprechende *Chancenverteilung* im Rahmen der Gesellschaft tendiert in Richtung auf Ernstnahme der zum Teil gesetzlich fixierten Deklaration im Sinne einer Minimierung der Bemühungen bei minimalen Voraussetzungen. Allenfalls wird im Bereiche der Erziehung eine Chancengleichheit zumindest postuliert, indem auch der Beeinträchtigte wenigstens dasselbe Maß an Förderung erhalten sollte wie der Nichtbeeinträchtigte, obschon Chancengerechtigkeit darin bestünde, ihm ein Mehr an Förderung zuteil werden zu lassen (vgl. Abb. 21)

e) *Gesellschaftliche Sachzwänge:*

materielle Bedingungen, die gemäß den gesellschaftlichen Einstellungen, Motiven, Rollen und Normen den Beeinträchtigten zugemutet bzw. vorenthalten werden, so z. B.

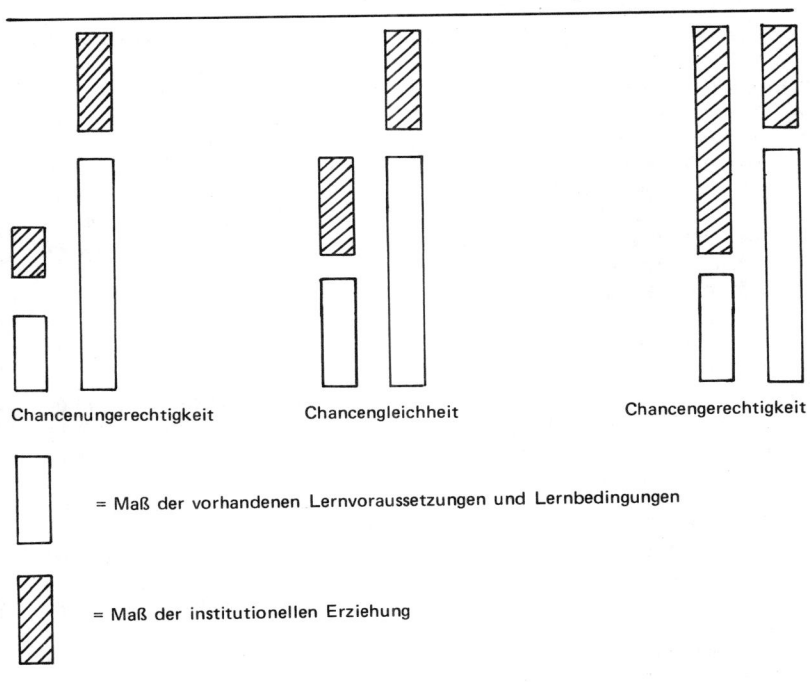

Chancenungerechtigkeit   Chancengleichheit   Chancengerechtigkeit

☐ = Maß der vorhandenen Lernvoraussetzungen und Lernbedingungen

▨ = Maß der institutionellen Erziehung

Abb. 21: Chancengleichheit — Chancengerechtigkeit.

— unzureichende Wohnverhältnisse
— gesundheitsschädliche Umwelt (Luftverschmutzung, Lärm, Verkehrs-
  gefahren usw.)
— gesundheitsschädliche Arbeitsbedingungen (Gefahr der Frühinvalidität)
— unangemessene Entlohnung
— Erfordernis voller Berufstätigkeit beider Elternteile
— unzureichende oder verspätete medizinische Versorgung
— Ausschluß bestimmter Behinderter von bestimmten Veranstaltungen
— bauliche Barrieren für Behinderte (z. B. für Körperbehinderte)
— Einschränkung von Bildungsmöglichkeiten durch quantitativ und qualitativ unzureichende Institutionen
— Separierung von Einrichtungen der Sonderpädagogik
— Einschränkung von Bildungs-, Ausbildungs- und Berufschancen durch
  Behauptung und Festschreibung bestimmter Gruppenzugehörigkeiten
  mittels unüberprüfter Prognostik und unterlassener Kontrolldiagnostik

- öffentliche Anpreisung von Mitteln, welche die Beeinträchtigung scheinbar erleichtern, jedoch die Möglichkeiten einer optimalen Personalisation und Sozialisation einschränken und z. T. gesundheitsschädigend wirken
- Sonderpädagogik als eine traditionell weitgehend auf die Beeinträchtigung „an sich" konzentrierte Disziplin bemüht sich bislang vorwiegend um individuale Verbesserungen im gegebenen gesellschaftlichen Rahmen, wobei sie sich nahezu ausschließlich auf den pädagogischen Bezug zwischen einzelnen Beeinträchtigten und Erziehenden beschränkt. Als stark psychologisch orientierte *Wissenschaft* untersucht sie vor allem die individualen Gegebenheiten, die sie bevorzugt als Letztursachen und nicht als ihrerseits bedingte Größen ansieht. Insofern trägt sie mittels empirischer Forschung in gewissem Maße zu einer *Affirmation* der vorliegenden Vorurteils-, Rollen-, Normen- und Sachgegebenheiten bei und damit zu einer Fixierung der Sozialrückständigkeiten der Gesellschaft
- Die Sozialrückständigkeiten sind in gewissem Maße subjektiv relativ, insofern sie vom direkt Betroffenen in der Regel stärker empfunden werden als von den übrigen Gliedern der Gesellschaft, die häufig über ein wissenschaftlich abgesichertes gutes Gewissen verfügen
- Mitunter erscheint aufgrund bestimmter *Indoktrinationen* auch dem Beeinträchtigten seine Lage so selbstverständlich, daß er eine Verbesserung geradezu als Ordnungswidrigkeit erleben würde. Neben derartiger Resignation oder Devotion finden sich Distanzierungs- und Aggressionshaltungen als Reaktion auf die Reaktion der Gesellschaft bezüglich der Beeinträchtigung
- Die Sozialrückständigkeiten der Gesellschaft sind temporär relative, mobile und keine statischen Gegebenheiten. Sie folgen keinen starren Gesetzen, sondern sind *beeinflußbare Prozesse,* wie es etwa positive Veränderungen bezüglich der Einstellung zu Behinderten in der jüngsten Zeit zeigen
- Eine Erweiterung der Sonderpädagogik um diese Aufgabe ist einerseits unerläßlich, weil die auf den Beeinträchtigten bezogenen Bemühungen in dem Maße wirkungslos bleiben, als mit der erworbenen Integrationsfähigkeit keine angemessene Integrationsbereitschaft der Gesellschaft korrespondiert, und andererseits erweisen sich die Bemühungen um eine Behebung bzw. Korrektur von Beeinträchtigungen als bloße *Symptompädagogik,* sofern die beeinträchtigungserzeugenden oder -begünstigenden gesellschaftlichen Bedingungen fortwirken — insgesamt aber eine entsprechende Erziehungsarbeit gegenüber der Gesellschaft lediglich aufgrund hinreichender sonderpädagogischer Fachkundigkeit geleistet und nicht ausschließlich problemfremden Öffentlichkeitsmanagern überlassen werden kann. *Gegenstand der Sonderpädagogik* muß daher ausdrücklich neben den einzelnen Beeinträchtigten *auch die Gesellschaft* sein

8. Ziele der Gesellschaftserziehung

- Die Gesellschaftserziehung hat im Bereich der Sonderpädagogik die Überwindung vorliegender Sozialrückständigkeiten der Gesellschaft durch Ingangbringung gesellschaftlicher Lernprozesse zum Ziel
- Folgende Teilziele lassen sich unterscheiden (vgl. Abb. 22):
  — *Integrationsfähigkeit und -bereitschaft* möglichst vieler einzelner Glieder der Gesellschaft, um die Integration der Beeinträchtigten zu ermöglichen, wobei es um abgesicherte Einstellungsänderungen und Rollenentbindungen durch Information und Motivationskorrekturen geht und nicht um bloße emotionale Aufwallungen
  — *Chancengerechtigkeit* durch Abbau diskriminierender Normen und gesellschaftlich bedingter Rollen- und Sachzwänge, die zu einer Erschwerung der Personalisation und Sozialisation Beeinträchtigter beitragen, wobei die Einflußnahme auf die Legislative und die Exekutive von besonderer Bedeutung ist. Insofern ist eine Verbesserung der Gesellschaftspolitik ein indirektes Ziel der Gesellschaftserziehung
- Da die Sozialrückständigkeiten der Gesellschaft nur zum Teil die Bedingungen vorliegender Beeinträchtigungen eines einzelnen ausmachen, kommt der Gesellschaftserziehung lediglich eine Teilfunktion im Rahmen der Sonderpädagogik zu — wenn auch eine besonders wichtige und bislang weitgehend vernachlässigte
- Die Gesellschaftserziehung bedarf stets der Ergänzung durch die *Gesellschaftspolitik,* die zu korrigieren bzw. zu intensivieren sie bemüht ist

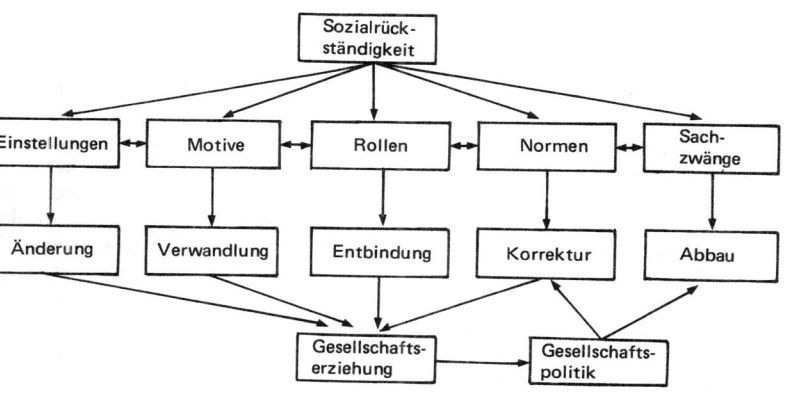

Abb. 22: Gesellschaftserziehung hinsichtlich vorliegender Sozialrückständigkeit.

4. Methoden und Maßnahmen der Gesellschaftserziehung

- Da entscheidende Korrekturen der Sozialrückständigkeiten und die langfristige Gewährleistung verbesserter gesellschaftlicher Lebensbedingungen von entsprechenden Einstellungen und Motivationen der Glieder der Gesellschaft abhängig sind, ist von einer bloßen Veränderung äußerer Verhältnisse keine entscheidende Wirkung zu erwarten
- Da Einstellungsänderungen und Motivationskorrekturen nur durch intensive und zum Teil langwierige *Lernprozesse* zu erreichen sind, ist auch von plötzlichen, revolutionären Veränderungen keine entscheidende Dauerwirkung zu erwarten
- Da Einstellungsänderungen und Motivationskorrekturen bei wenigen einzelnen offenkundig keine hinreichende Wirkung zeitigen, bedarf es der Beeinflussung vieler einzelner und nicht nur sogenannter maßgeblicher Glieder der Gesellschaft
- Statt einer bloßen Änderung äußerer Verhältnisse, der Herbeiführung plötzlicher Meinungsströmungen und der Beschränkung auf bipolare erzieherische Beeinflussung bedarf es einer entscheidenden Ausweitung der Sonderpädagogik durch ein System, das eine planmäßige pädagogische Beeinflussung in großer Breite ermöglicht
- Zielgruppen der Gesellschaftserziehung sind sowohl die Multiplikatoren (insbesondere Lehrer aller Schulen und Hochschulen), die Politiker (keineswegs nur die Sozialpolitiker) als auch die ganze Breite der Bevölkerung, nicht zuletzt Kinder und Jugendliche
- Erster Schritt der Gesellschaftserziehung ist die Ermittlung der bewußten und unbewußten *Ausgangslage der Zielgruppen* gegenüber Beeinträchtigten, wobei Aggressionen gegenüber Beeinträchtigten sich häufig als Ausdruck von Angst oder Verunsicherung angesichts vorliegender Beeinträchtigungen erweisen
- Vorwürfe und Kampfpositionen sind demgemäß in aller Regel besonders unzweckmäßige Aktionsformen
- Um Einstellungsänderungen motivieren zu können, ist die Kenntnis der *Interessenlage der Zielgruppe* von besonderer Bedeutung, d. h. die bevorzugte Form subjektiven Wertgewinns (Angstfreiheit, Sicherheit auf weite Sicht, Erfolg, soziales Ansehen). Auch die Motivation durch Einsicht in die gesellschaftlichen Mitbedingungen scheinbar isolierter individueller Beeinträchtigungen und die Verpflichtung gemeinsamer Übernahme der Lasten sollte dabei ebensowenig übersehen werden wie die Erkenntnis, daß jeder unter Umständen unversehens beeinträchtigt werden kann
- Als Beginn und Untergrund des Lernprozesses ist *emotionale Zuwendung* zum Beeinträchtigten hilfreich — obschon sie allein zumeist nur geringe Tragfähigkeit besitzt, ins Gegenteil umschlagen kann und häufig keine hinreichend sachgemäßen Verhaltensweisen zeitigt

Sie bedarf der *Stabilisierung durch konkrete Kenntnisse* über Entstehungsbedingungen, Erschwerungsfaktoren, Bedürfnisse und Förderungsmöglichkeiten von Beeinträchtigten

Den positiven Aspekten der erreichbar erscheinenden Möglichkeiten und der faktisch schon vorhandenen Hilfen und Institutionen kommt dabei ein psychologisch besonders großes Gewicht zu

Stets empfiehlt es sich, von bereits bekannten Sachverhalten auszugehen Die Informationen bedürfen *schrittweiser Verdeutlichung,* da durch plötzliche Informationsüberschüttung u. U. Informationsschocks auftreten, die zum Abbruch der Lernprozesse führen können

Fernsehen, Film, Rundfunk, Presse, Literatur (nicht zuletzt Schulbüchern) und besonderen Aktionen kommt eine wesentliche Rolle bei der Informationsarbeit zu

Das Hinsehen — nicht das Wegsehen — ist die unabdingbare Voraussetzung für Kenntnisnahme und Verständnis. Dementsprechend ist es wichtig, daß der Beeinträchtigte die Duldung des Betrachtetwerdens in seiner Bedeutung erkennt

Besonders vielseitige und positive Möglichkeiten bietet die Beobachtung der Arbeit mit Beeinträchtigten. Deshalb ist es erforderlich, daß alle Institutionen der Sonderpädagogik soweit als irgend möglich der *Öffentlichkeit* offenstehen — nicht nur an Tagen der „offenen Tür". Allein aus diesem Grunde müssen sie so plaziert sein, daß sie leicht erreichbar sind

Das umfängliche Verständnis für beeinträchtigte Menschen wächst aus dem gemeinsamen Erleben und aus dem handelnden Umgang; dementsprechend spielt die *Laienmitarbeit* in den Einrichtungen für Behinderte keineswegs nur die Rolle einer Unterstützung der Fachkräfte — sondern sie ist ein hervorragendes Medium der Identifikation mit den Problemen der Beeinträchtigten

Auf der Basis des Verständnisses für die Situation beeinträchtigter Menschen und der Identifizierung mit ihren Problemen lassen sich die erforderlichen praktischen und legislativen Maßnahmen am wirksamsten darstellen

Als Träger der Gesellschaftserziehung kommen alle im Bereiche der Sonderpädagogik Tätigen infrage. Neben hauptberuflich tätigen Spezialisten und Organisatoren der Öffentlichkeitserziehung ist eine Mitwirkung jeder Fachkraft mit einem bestimmten Pflichtanteil erforderlich (Vorträge, Elternabende, öffentliche Veranstaltungen, Berichte, Artikel usw.)

Als Mitwirkende kommen darüber hinaus wegen ihrer Motivationslage neben den Interessenverbänden insbesondere die Angehörigen der Beeinträchtigten und vor allem die Beeinträchtigten selbst in Betracht

Für sie gilt es, Techniken zur Überwindung der Scham und der Distanz seitens der Umwelt zu trainieren und vor allem *Verständnis für das Unverständnis* der *Umwelt* zu erwerben, indem die Angst und die Unkenntnis sowie die entsprechenden Reaktionsformen angemessen gesehen werden

— Von entscheidender Bedeutung ist für die Pädagogik im allgemeinen und für die Gesellschaftserziehung im besonderen, daß sie auf eine scheinwissenschaftliche und letztlich unmoralisch-hochgestochene Ausdrucksweise verzichtet und sich bemüht, verständlich zu sein

— Im Rahmen der Sonderpädagogik bedarf die Gesellschaftserziehung sowohl der nachholenden Reflexion wie einer praktikablen Organisation

5. Allgemeine sonderpädagogische Verfahrensweisen

1. Sonderpädagogische Diagnostik

- Eine ausdrückliche Diagnostik ist Voraussetzung aller Sonderpädagogik, die Erziehung bei Vorliegen besonderer Verhältnisse ist und somit nicht von allgemeinen Voraussetzungen ausgehen kann. *Diagnostik* ist demgemäß ein integrierter Bestandteil und ein *Kennzeichen der Sonderpädagogik* im Unterschied zur Regelpädagogik
- Sonderpädagogische Diagnostik befaßt sich mit den Gegebenheiten, den Entstehungsbedingungen und den Beeinflussungsmöglichkeiten von Beeinträchtigungen unter pädagogischem Aspekt
- Von besonderer Bedeutung ist dabei die Ermittlung der voraufgegangenen Erziehungsbeeinflussungen, der voraufgegangenen und gegenwärtigen Erziehungsbedingungen, des vorliegenden Lernverhaltens, der Erziehungsbedürfnisse sowie der erforderlichen besonderen Erziehungsbedingungen, Methoden und Organisationsformen (vgl. Abb. 23)
- Eine individuale psychologische Laboratoriumsdiagnostik, welche die Sach- und personalen Umweltbedingungen und die herbei wirksam werdenden Einflüsse gesellschaftlicher Gegebenheiten außer acht läßt, ist unzureichend — ebenso wie eine soziale Diagnostik, welche die individualen Gegebenheiten außer acht läßt. Sonderpädagogische Diagnostik bedarf der Berücksichtigung *individualer und sozialer Gegebenheiten*
- Eine individuale und soziale Diagnostik, welche die *somatischen Gegebenheiten* als Lernbedingungen außer acht läßt, ist unzureichend — ebenso wie eine medizinische Diagnostik, welche die psychischen und sozialen Gegebenheiten außer acht läßt. Sonderpädagogische Diagnostik bedarf der Berücksichtigung somatischer Gegebenheiten neben psychischen und sozialen
- *Psychische, soziale und somatische Bedingungen stehen in der Regel in einem sich wechselseitig beeinflussenden strukturellen Verhältnis zueinander* und nicht in einem additiv oder linear-konsekutiv zu sehenden Bezug
- Wichtiger als die negative Konstatierung von Minderleistungen und Ausfällen (Defekten) ist für die zu treffenden pädagogischen Maßnahmen und für die erzieherische Einstellung die *Ermittlung der offengebliebenen Möglichkeiten.* Dies ist auch für die Wahl der diagnostischen Formulierungen von Bedeutung.

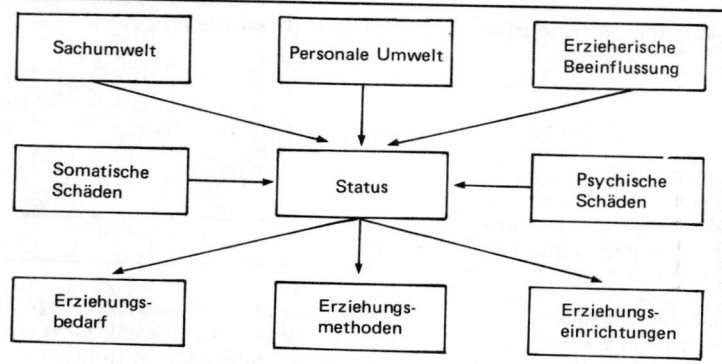

Abb. 23: Diagnostisch abzuklärende Bereiche.

— Angesichts der Komplexität des zu diagnostizierenden Sachverhalts kann die sonderpädagogische Diagnose lediglich den *Gewißheitsgrad von diagnostischen Vermutungen* und dementsprechend nur Vorläufigkeitscharakter tragen. *Sie bedarf stets der Überprüfung.* Dieser Sachverhalt sollte gleichfalls in den diagnostischen Formulierungen zum Ausdruck kommen. Trotz dieser Einschränkungen sind kurzfristig zu ermittelnde Ersturteile unerläßlich, um angemessene erzieherische Maßnahmen einleiten zu können, aufgrund derer weitere Abklärungen überhaupt erst möglich werden
— Besondere *Zurückhaltung* ist im Rahmen sonderpädagogischer Diagnostik insbesondere *hinsichtlich prognostischer Aussagen* geboten, da diese von hoher pädagogischer Relevanz zu sein pflegen (Resignation, Illusionismus) und Fakten schaffen bzw. fixieren (z. B. durch den Begriff der Irreversibilität), die unter Umständen wesentlich günstigere Entwicklungen verhindern (vgl. Abb. 9)
— Formen der sonderpädagogischen Diagnose sind
    — die Erhebung der *Vorgeschichte* (Anamnese, wobei die Erzieher und die Erziehungsbedingungen von nicht minder großer Bedeutung sind als die Erzogenen)
    — die *Beobachtung* des Äußeren und des Verhaltens in besonderen Situationen (Spielplatz, Unterricht, Arbeit, Pause; Verhalten zu Sachen, Tieren, Menschen, sprachliche, bildnerische und andere Ausdrucksformen)
    — der *Hausbesuch* als wesentliche Möglichkeit zur Ermittlung der sozialen Situation (Sachumweltbedingungen, personale Umweltbedingungen)
    — *Tests* als Beobachtung im Rahmen normierter Situationen
    — die Berücksichtigung anderweitiger *Untersuchungsdaten aus dem soziologischen, psychologischen* oder *medizinischen Bereich*

— der *Erziehungsversuch* als modifizierte Erziehungssituation, in der durch verschiedenartige Spiel- und Arbeitsangebote und durch variierte erzieherische Verhaltensweisen (Aufforderungen, Hilfen, Bekräftigungen, Grenzsetzungen usw.) das Lern- und Sozialverhalten häufig konkreter abzuklären ist als durch ungezielte Beobachtungen oder Tests

— Das Gewicht, das den somatischen, psychischen, sozialen und erzieherischen Bedingungen für die Entstehung und die zu treffenden Maßnahmen zukommt, läßt sich am ehesten im Team der verschiedenen Fachleute aufgrund der Entstehungsgeschichte ermitteln

— Bei der Formulierung sonderpädagogischer Gutachten bedarf es neben der Hervorhebung des Vermutungscharakters und der Überprüfungsbedürftigkeit stets einer Konzentration auf die offengebliebenen Möglichkeiten und positiven Förderungshinweise, um nicht durch bloße Fakten- und Grenzbeschreibungen negative Schlußfolgerungen für Nichtfachleute nahezulegen

— Hinsichtlich der diagnostischen Daten besteht *Schweigepflicht* gegenüber Außenstehenden

2. Sonderpädagogische Beratung

— In allen Bereichen der Sonderpädagogik spielt die Erziehungsberatung der Miterzieher des Beeinträchtigten eine wesentliche Rolle

— Voraussetzung aller Beratung ist die Diagnostik

a) *Aufgaben der Beratung*

— Erörterung der Situation unter besonderer Berücksichtigung der Beeinträchtigung, der offengebliebenen Möglichkeiten und der vermuteten Entstehungsbedingungen

— Korrektur unzweckmäßiger (resignativer, illusionärer u. a.) Erwartungshaltungen der Erzieher

— Erörterung der Erziehungsbedürftigkeiten und der entsprechenden Erziehungsaufgaben — gegebenenfalls unter Beschränkung auf die nächstnotwendigen Schritte

— Vertrautmachung mit den angezeigten pädagogischen Methoden und Medien im Hinblick auf die konkrete Lebenssituation des Beeinträchtigten

— Information über die gegebenenfalls infrage kommenden sonderpädagogischen Einrichtungen und ihre Angebote

— Korrektur erzieherischer Fehlhaltungen, die angesichts vorliegender Beeinträchtigungen verständlich sind und nicht Anlaß zu Beurteilungen, sondern zu Handreichungen für sinnvolle Umstellungen sein sollten

— Erörterung notwendiger Änderungen der Erziehungsbedingungen hinsichtlich der personalen und der Sachumwelt

- Erörterung angemessener Verhaltensweisen gegenüber der Umwelt (Geschwister, Nachbarschaft, Verwandtschaft usw.)
- Hinweise auf erforderliche ärztliche Hilfe
- Hinweise auf erforderliche rechtliche und materielle Hilfe
- Hilfe angesichts der psychischen Notlage der Miterzieher selbst

b) *Adressaten der Beratung*
- Die Eltern als Haupterzieher, wobei der Vater ebenso wie die Mutter in den Gesprächskreis einbezogen werden sollte, da seine Rolle für das Erziehungsgeschehen von häufig unterschätzter Bedeutung zu sein pflegt
- Ältere Geschwister, Verwandte, insbesondere Großmütter als Miterzieher — wenn nicht gar als Haupterzieher
- Lehrer, Erzieher in Heimen usw., Sozialarbeiter
- Ärzte und deren Mitarbeiter für ihre einschlägige Tätigkeit
- Behörden, Verwaltungsfachleute, Richter, Träger von Einrichtungen, Verbände
- Die Beeinträchtigten selber
- Die Öffentlichkeit, die über die besonderen Lebensprobleme und Chancen Beeinträchtigter intensiver Informationen bedarf

c) *Formen der Beratung*
- Als einfachste Form der Beratung ist die *Auskunft* über spezielle Beratungs- und sonstige Hilfsmöglichkeiten pädagogischer, psychologischer und ähnlicher Art anzusehen. Hierbei wird nicht auf Sachprobleme eingegangen, sondern lediglich auf entsprechende Möglichkeiten hingewiesen — gegebenenfalls mit einer direkten Überweisung oder einer Kontaktvermittlung etwa telefonischer Art, um dem Ratsuchenden den Weg zu erleichtern
- Eine intensivere Form der Beratung stellt die *allgemeine Sachinformation* über Möglichkeiten und Formen spezieller Hilfen dar. Sie setzt voraus, daß das Beratungsproblem bereits zur Sprache gekommen ist, und kann in der Form von Gesprächen, Merkblättern, Rundschreiben, durch Literatur, durch Elternveranstaltungen wie Elternabende, Wochenendseminare, Arbeitswochen usw. erfolgen und durch Auskünfte ergänzt werden
- Als Beratung im engeren Sinne ist die *Sachberatung über individuelle Fragen* zu nennen. Sie kann im Einzel- oder Gruppengespräch oder als praktische Anleitung erfolgen (Sprechstunde, Hausbesuch, Hospitation der Einrichtung usw.) und setzt in jedem Falle eine sorgfältige Diagnose voraus
- Über die Beratung im eigentlichen Sinne geht die *direkte Erziehungshilfe* bereits hinaus. Sie ist dadurch gekennzeichnet, daß ein beeinträchtigtes Kind einzeln oder gruppenweise seitens des Beraters erzieherisch über mehr oder minder lange Zeit hin gefördert wird
- Wenn die *persönliche psychische Hilfe* für die Ratsuchenden, die im Zu-

sammenhange mit der Sachberatung nicht selten unerläßlich ist, in
psychotherapeutische Behandlung der Erzieher einmündet, wird gleichfalls der Bereich der Beratung im engeren Sinne überschritten
— Eine Sonderform der Beratung stellt das *Gutachten* dar, das sich an
Adressaten wendet, die erzieherisch relevante Maßnahmen zu treffen
haben
— Schließlich ist die *Öffentlichkeitsarbeit* in der Form von Fernseh- und
Rundfunksendungen, von Zeitungs- und Zeitschriftenartikeln, von Vor-
trägen, Ausstellungen usw. eine wichtige Form der Beratung

3. Methoden und Haltungen

— Methoden im Bereiche der Sonderpädagogik zielen auf bestimmte Funktionsbereiche des Menschen. Sie sind regelgebunden und führen unversehens
zu routiniertem Machen, zu bloßer Behandlung des Menschen, sofern die
umfassende Kommunikation zwischen dem Sonderpädagogen und dem
beeinträchtigten Menschen vernachlässigt wird
— Die Wirksamkeit der Methoden ist auf die Dauer gesehen abhängig von der
Haltung des Erziehers, welche die Atmosphäre des pädagogischen Raumes
bestimmt, die Empfänglichkeit für das fördernde Angebot erweitert oder
überhaupt erst eröffnet und im persönlichen Bezug die individuell notwendigen Akzente setzt. Die Methode wirkt nicht automatisch. Sie wird erst
voll wirksam im Medium der Haltung des Erziehers, wobei unter Haltung
die zeitüberdauernde, die einzelnen Handlungen des Erziehers bestimmende
Disposition zu verstehen ist
— Häufige *Fehlhaltungen* sind das Behandeln, Beobachten, Beurteilen, Bewah-
ren und Bemitleiden — als überwiegende Einstellungen zum Beeinträchtigten. Sie pflegen auf die Dauer Gefügigkeit, Absperrung und Resignation
hervorzurufen
— *Positive Haltungen* sind angesichts vorliegender Beeinträchtigung demgegen-
über
  — *Zugewandtheit*
  — *Aufgeschlossenheit* (Verständnis)
  — *Verläßlichkeit* (Konsequenz)
  — *Zuversichtlichkeit* (positive Erwartenshaltung, Ermutigung)
  — *Zufriedenheit* (Bestätigung, Verstärkung, Anerkennung auch minimaler
    Fortschritte)

4. Sonderpädagogisch bedeutsame Prinzipien

Die sonderpädagogisch bedeutsamen Prinzipien sind allgemeine Maßgaben sonderpädagogischen Handelns. Sie unterscheiden sich von allgemeinen pädagogischen Prinzipien zum Teil durch die besondere Akzentuierung, die angesichts vorliegender Beeinträchtigung erforderlich ist und in ihrer Bedeutung häufig verkannt wird:

— *Chancengerechtigkeit*
Bemühung um Chancengerechtigkeit im pädagogischen Bereich bei vorliegender Beeinträchtigung — unabhängig vom Grad der Beeinträchtigung — statt eines lediglich gleichen oder gar reduzierten pädagogischen Regelangebotes

— *Diagnostik*
Feststellung der Beeinträchtigungen, ihrer Entstehungsbedingungen, der speziellen pädagogischen Bedarfslage und entsprechender Beeinflussungsmöglichkeiten vor jeder erzieherischen Maßnahme — statt undifferenzierter Aktionen aufgrund normierter Vorurteile

— *Aktivierung*
Aktivierung des Beeinträchtigten zum handelnden Subjekt der Sonderpädagogik bei weitmöglicher Emanzipation von feudalistischen Ansprüchen der Fachleute — statt den Behinderten als Patienten, als bloßen Fall sonderpädagogischen Maßnahmen zu unterwerfen

— *Korrektion*
Weitmögliche Behebung oder Besserung der vorliegenden Beeinträchtigung — statt einer Festschreibung durch voreilige Prognostik

— *Kommunikation*
Herstellung eines tragfähigen Bezugsverhältnisses einschließlich der Berücksichtigung individueller und gruppendynamischer Motivations-, Verstärkungs-, Übertragungs-, Widerstands- und Ablösungsprobleme — statt unzweckmäßiger Fixierung auf lediglich technische Kontakte

— *Spezifikation*
Gewährleistung besonderer, d. h. über das Übliche hinausgehender pädagogischer Maßnahmen, Methoden, Mittel und Einrichtungen gemäß den Besonderheiten der vorliegenden Beeinträchtigung — statt bloßer Normalität, die einer Minuspädagogik entspricht

— *Extention*
Je umfänglicher die Beeinträchtigung, desto umfänglicher ist der zu berücksichtigende besondere Erziehungsbedarf auch hinsichtlich der Lebensbereiche und Lebensphasen zu veranschlagen

— *Substitution*
Vorhandene Funktionsreste sind soweit als möglich zu stützen und zu nutzen — statt eines voreiligen Abschreibens bestimmter Möglichkeiten

— *Kompensation*
Vorhandene Funktionsreserven sind soweit als möglich zu nutzen — statt
einer Fixierung auf die regelhaft im Erziehungsprozeß genutzten Funktionen

— *Subvention*
Die Erziehungsbedingungen, Lebensverhältnisse und Erwartungen sind in
dem Maße zu erleichtern, als durch Substitution und Kompensation kein
Ausgleich zu schaffen ist

— *Komplexität*
Komplexität der pädagogischen Maßnahmen im Hinblick auf die zumeist
mit Syndromcharakter auftretenden Beeinträchtigungen — statt der einseitigen Faszination von sogenannten dominierenden, primären oder Haupt-
beeinträchtigungen

— *Kooperation*
Kooperation mit Fachleuten der Psychologie, Soziologie, Medizin und
anderer relevanter Bereiche und mit den häuslichen Miterziehern — statt
isolierten, gegenseitige Anregungen und Korrekturen verhindernden Vorgehens

— *Integration*
Weitmögliche Integration der Erziehungsarbeit in den regelhaften Erzie-
hungsbereich — statt unzweckmäßiger, die soziale Erziehung erschwerender
Separierung

— *Reduktion*
Sonderpädagogische Maßnahmen sind für den einzelnen Beeinträchtigten
weitmöglich als abnehmende Größe anzusehen — statt als vorgefaßtes festes
System lebenslänglicher Obhut

— *Normenorientiertheit*
Ziele, Maßnahmen und Einrichtungen sind soweit als möglich an den Regel-
normen zu orientieren — statt durch überflüssig spezielle Maßgaben eine
Integration zu erschweren

— *Umweltbezug*
Einbeziehung der personalen Umwelt des Beeinträchtigten und in Sonder-
heit seiner Erzieher und Miterzieher in die sonderpädagogischen Bemühungen — statt durch einseitige Konzentration auf den dualen Bezug zum
Beeinträchtigten wesentliche Hilfsmöglichkeiten bzw. Störbedingungen
außer acht zu lassen

— *Gesellschaftsbezug*
Grundsätzliche Einbeziehung der Gesellschaft in die sonderpädagogischen
Bemühungen, um einen gewichtigen Bereich von Entstehungs- bzw. Erschwerungsbedingungen von Beeinträchtigungen weitmöglich positiv zu beeinflussen

7. Die Sonderpädagogik im Gesamtsystem der Eingliederungshilfen

1. Binnendifferenzierung der Sonderpädagogik

- Neben der traditionellen Funktion der Schule für die Erziehung bei vorliegender Beeinträchtigung sind die sonderpädagogischen Aufgaben im vor-, neben- und nachschulischen Bereiche (Früherziehung, Hauserziehung, Freizeiterziehung, Berufserziehung, Erwachsenenerziehung) von zumindest gleich großer Bedeutung, sollen die Bemühungen nicht als zu schmal, zu spät oder zu kurz in ihrer Wirksamkeit unzureichend bleiben
- Demgemäß ergibt sich eine Binnendifferenzierung der Sonderpädagogik und der entsprechenden Tätigkeitsfelder nach *Lebensstufen* in einen Säuglings-, Kleinkind-, Schulkind-, Jugendlichen- und Erwachsenenbereich mit den Einrichtungen der Hausfrüh-, Kindergarten-, Schul-, Berufs- und Erwachsenenerziehung — jeweils mit begleitender Haus- und Freizeiterziehung (vgl. Abb. 24)
- Eine Spezialisierung auf jeweils einen dieser Bereiche unter gründlicher Berücksichtigung der angrenzenden Bereiche erweist sich angesichts der Besonderheit der jeweiligen Problemlagen als zweckmäßig *(Stufenschwerpunkt)*
- Neben der traditionellen Konzentration auf die Erziehung bei vorliegender Behinderung bedürfen die sonderpädagogischen Aufgaben bei vorliegenden Störungen, Gefährdungen und gesellschaftlicher Sozialrückständigkeit nicht minder starker Beachtung (vgl. Abb. 24)
- Demgemäß ergibt sich eine Binnendifferenzierung der Sonderpädagogik und der entsprechenden praktischen *Tätigkeitsfelder* gemäß den verschiedenen Beeinträchtigungsformen; bei den einzelnen Behinderungen bedürfen stets die angrenzenden Störungsformen sowie Gefährdungen und Sozialrückständigkeiten, bei Störungen die benachbarten Behinderungen sowie die Gefährdungen und Sozialrückständigkeiten, bei Gefährdungen bestimmte Störungen und Sozialrückständigkeiten zusätzlicher Beachtung *(Fachrichtungsschwerpunkt)*
- Im Rahmen der jeweiligen Stufen- und Fachrichtungsschwerpunkte bedarf es einer Differenzierung nach bestimmten *fachlichen bzw. technischen Auf-*

I. nach Lebensstufen und Einrichtungen (Stufenschwerpunkte)

Früh-	Elementar-	Primar-	Sekundar-	Tertiärstufe
Säuglings-	Kindergarten-	Schul-	Ausbildungs-	Erwachsenenalter

Hauserziehung + Freizeiterziehung

II. nach Beeinträchtigungsformen (Fachrichtungsschwerpunkte)

Behinderung	Störung	Gefährdung	Sozialrückständigkeit

III. nach Aufgabenarten (Fachschwerpunkte)

Diagnostik	Erziehung	Unterricht	Beratung	Vorsorge	Öffentlich- keitsarbeit

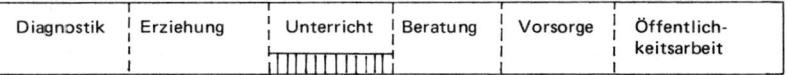

Abb. 24: Binnendifferenzierung der Sonderpädagogik.

gaben (vgl. Abb. 24) wie Diagnostik, Erziehung, Unterricht in bestimmten Disziplinen, Vorsorge, Beratung, Öffentlichkeitsarbeit *(Fachschwerpunkt),* wobei jedoch eine Spezialisierung in einem Bereiche in der Regel eine mehr oder minder umfängliche Mitwirkung in anderen Bereichen erforderlich macht, d. h. isolierte Diagnostik ohne praktische Erziehung bzw. ohne Unterricht und ohne bestimmte fürsorgerische und Beratungsbemühungen sowie Öffentlichkeitsarbeit erweist sich als auf die Dauer ebenso unzweckmäßig wie isolierte Unterrichtstätigkeit im Bereiche der Sonderpädagogik ohne diagnostische, beraterische und Öffentlichkeitstätigkeit
— Ebenso notwendig wie die genannten Spezialisierungen und entsprechenden Binnendifferenzierungen der Sonderpädagogik ist bereits im Bereiche der Sonderpädagogik selbst eine intensive Kooperation und ein gewisser Überblick über das Gesamtgebiet der Disziplin
— Entsprechend den unterschiedlichen Aufgaben werden im Bereiche der Sonderpädagogik *Diplompädagogen* (Fachrichtung Sonderpädagogik), *Sonderschullehrer, Sonderschulfachlehrer, Sondererzieher und Sondererziehungshelfer* benötigt, deren Ausbildung ebenso einer mittleren Differenziertheit wie einer Kooperationsorientiertheit, eines Praxisbezuges und der Durchlässigkeit bedarf — neben Pädagogen im Regelbereich, die wegen der dort anfallenden Probleme in jedem Falle einer bestimmten sonderpädagogischen Information bedürfen

2. Außenbezüge der Sonderpädagogik

— Die Sonderpädagogik als Erziehung bei vorliegender Beeinträchtigung bedarf bei ihrem Bemühen um differenzierte und qualifizierte Hilfen der Informationen und Ergänzungen sowie entsprechender Kooperation seitens der angrenzenden Bereiche der Eingliederungshilfe. Das Gesamtsystem dieser Hilfe (Rehabilitation) (vgl. Abb. 25) umfaßt neben der
— *Sonderpädagogik* vor allem
— *Medizin* (der verschiedenen Fachrichtungen) hinsichtlich der Diagnostik und Therapie insbesondere somatischer Schäden sowie bezüglich der erforderlichen medico-pädagogischen Maßnahmen
— *Psychologie* hinsichtlich der Diagnostik spezieller psychischer Schäden und bestimmter psychologischer Beeinflussungsmethoden
— *Sozialarbeit* hinsichtlich der Diagnostik spezieller Umweltbenachteiligungen und fürsorgerischer, einschließlich materieller Hilfen
— *Arbeitsverwaltung* hinsichtlich der Eingliederung (Beratung, Vermittlung und Förderung) im beruflichen Bereich
— *Kultur-, Sozial- und Gesundheitspolitik und entsprechende Verwaltungen* hinsichtlich der Bereitstellung der erforderlichen rechtlichen, ökonomischen und organisatorischen Voraussetzungen für die Eingliederungshilfe

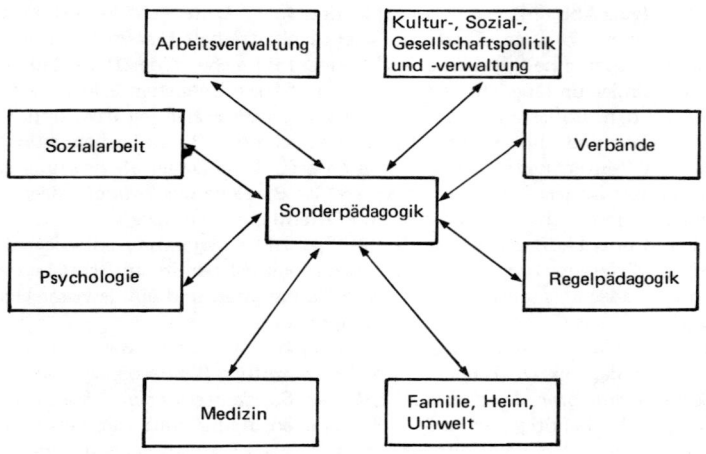

Abb. 25: Außenbezüge der Sonderpädagogik. (Gesamtsystem der Eingliederungshilfen / Rehabilitation).

— *Verbände* von Beeinträchtigten oder Förderern sowie Trägerorganisationen von Einrichtungen hinsichtlich der Mitwirkung, Innovation und Stimulierung der Bemühungen
— Ferner bedarf es der Außenkontakte vor allem zu den *Familien* und anderen Lebensbereichen der Beeinträchtigten selber und zur *Regelpädagogik* insbesondere hinsichtlich der erforderlichen Maßnahmen im Grenzbereich
— Die Differenzierung und entsprechende Spezialisierung des Gesamtsystems der Eingliederungshilfen macht sowohl einen Überblick über sämtliche beteiligten Bereiche als auch eine Kooperation zwischen den Bereichen unerläßlich

3. Inner- und interdisziplinäre Kooperationsformen der Sonderpädagogik

— Die verschiedenen Bereiche der Eingliederungshilfe haben die Tendenz, sich zu geschlossenen Systemen mit gewissen Aversionsneigungen zu entwickeln. Dies gilt sowohl für die verschiedenen an der Eingliederung beteiligten Vertreter der Fachdisziplinen (Arzt — Lehrer, Erzieher — Lehrer, Lehrer — Sozialarbeiter usw.) als auch für andere Bezugsgrößen wie Eltern — Schule, Schule — Heim, Beeinträchtigter — Nachbarschaft, Verwaltung — Praxis, Verband — Schule, Verband — Verband, Fachleute — Laien
— Daher bedarf es neben den rechtlichen, organisatorischen und technischen Voraussetzungen einer Kooperation innerhalb des Gesamtsystems der Eingliederungshilfen bestimmter personaler Kooperationsformen, sollen die verschiedenen Angebote nicht durch unzureichende Ergänzung ineffizient werden
— Häufige Formen unzureichender Kooperation sind die *Isolierung,* die *Addition* und die *Subordination* — aufgrund bestimmter Traditionen, Interessenlagen oder berufsbedingter Persönlichkeitsdeformationen (vgl. Abb. 26)
— Zu einer partnerschaftlichen Kooperation zwischen den verschiedenen Kräften des Gesamtsystems der Eingliederungshilfe bedarf es vor allem folgender, durch gruppendynamisches Kooperationstraining zu fördernder Fähigkeiten:
  — Fähigkeit, sich in Gedankengänge anderer zu versetzen
  — Fähigkeit, sich von eigenen Vorstellungen zu lösen
  — Fähigkeit und Bereitschaft, den eigenen Beitrag zu verbalisieren
  — Fähigkeit, den eigenen Beitrag in bezug zu den Mitteilungen anderer zu setzen
  — Fähigkeit, den Wechsel der Kompetenz in der Arbeitsgruppe zu ertragen, damit die funktionale Autorität jeder Fachkraft voll zum Tragen kommt

Heinz Bach

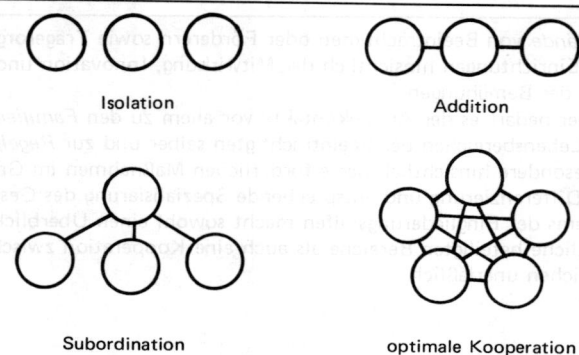

Abb. 26: Inner- und interdisziplinäre Kooperationsformen.

4. Gesetze und Dokumente von allgemeiner sonderpädagogischer Bedeutung

— UNO-Charta — Erklärung der Menschenrechte von 1948
— UNO-Charta der Rechte des Kindes vom 20. 11. 1959
— Grundgesetz für die BRD vom 23. 5. 1949
— Bundessozialhilfegesetz in der Fassung vom 1. 4. 1974
— Jugendwohlfahrtsgesetz in der Fassung vom 6. 8. 1970
— Gesetz zum Schutze der Jugend in der Öffentlichkeit vom 27. 7. 1957
— Berufsbildungsgesetz vom 14. 8. 1969
— Arbeitsförderungsgesetz vom 25. 6. 1969
— Schwerbehindertengesetz vom 29. 4. 1974
— Empfehlungen zur Ordnung des Sonderschulwesens beschlossen von der Ständigen Konferenz der Kultusminister der Länder der BRD am 16. 3. 1972
— Empfehlungen der Bildungskommission des Deutschen Bildungsrates zur pädagogischen Förderung behinderter und von Behinderung bedrohter Kinder und Jugendlicher vom 10. Oktober 1973
— Die entsprechenden Artikel der Landesverfassungen
— Kindergarten-Gesetze der Bundesländer
— Schulgesetze und entsprechende Verordnungen sowie Erlasse der Bundesländer

72

5. Behörden, Verbände und Organisationen von allgemeiner und überörtlicher sonderpädagogischer Bedeutung

a) *Behörden*
- Bundesministerium für Bildung und Wissenschaft,
  53 Bonn, Heuss-Allee 2—10
- Bundesministerium für Jugend, Familie und Gesundheit,
  53 Bonn, Kennedy-Allee 105—107
- Bundesministerium für Arbeit und Sozialordnung,
  53 Duisdorf, Bonner Straße 85
- Die entsprechenden Landesministerien
- Bundesanstalt für Arbeit,
  85 Nürnberg, Regensburger Str. 104
- Landesjugend-, Sozial- und Arbeitsämter

b) *Selbsthilfe- und Förderorganisationen*
- Bundesarbeitsgemeinschaft der Freien Wohlfahrtspflege,
  53 Bonn, Franz-Lohse-Str. 19
- Bundesarbeitsgemeinschaft der Clubs Behinderter und ihrer Freunde,
  65 Mainz, Jacob-Stefan-Str. 39
- Bundesarbeitsgemeinschaft der Hilfe für Behinderte e. V.,
  4 Düsseldorf, Kirchfeldstraße 149
- Bundesarbeitsgemeinschaft für Rehabilitation,
  6 Frankfurt, Eysseneckstraße 55
- Bundesarbeitsgemeinschaft der überörtlichen Träger der Sozialhilfe,
  44 Münster, Landeshaus
- Deutsche Vereinigung für die Rehabilitation Behinderter e. V.,
  69 Heidelberg, Friedrich-Ebert-Anlage 9
- Verband Deutscher Sonderschulen e. V.,
  7257 Ditzingen, Im Sonnigen Winkel 2
- Deutscher Verein für öffentliche und private Fürsorge,
  6 Frankfurt/M., Am Stockborn 1—3

c) *Freie Wohlfahrtsverbände*
- Arbeiterwohlfahrt — Bundesverband —,
  53 Bonn, Ollenhauer-Str. 3
- Deutscher Caritasverband,
  78 Freiburg, Werthmannplatz 4
- Deutscher Paritätischer Wohlfahrtsverband,
  6 Frankfurt-Niederrad, Heinrich-Hoffmann-Str. 3
- Deutsches Rotes Kreuz,
  53 Bonn, Friedrich-Ebert-Allee 71
- Diakonisches Werk, Innere Mission und Hilfswerk der Evangelischen Kirchen,
  7 Stuttgart, Alexanderstraße 23

- Zentralwohlfahrtsstelle der Juden in Deutschland,
  6 Frankfurt/M., Hebelstraße 17

d) *Internationale Organisationen*

- European Association on Special Education (EASE),
  239 Flensburg-Adelby, Tastruper Weg 2
- Internationale Gesellschaft für Heilpädagogik,
  Wien
- Rehabilitation International,
  5 Köln 41, Lindenburger Allee 44

8. Literatur

1. Allgemeine Werke

Allers, R.: Heilerziehung bei Abwegigkeit des Charakters. Köln o. J. (Benziger) (1936)
Bach, H. (Hrsg.): Berufsbildung behinderter Jugendlicher. 2. Aufl. Bonn-Bad Godesberg 1973 (Dürr)
Bäuerle, W.: Sozialarbeit und Gesellschaft. 2. Aufl. Weinheim 1970 (Beltz)
Becker, K. H. u. a.: Welches Kind muß sonderpädagogisch betreut werden? Berlin 1971 (Volk und Wissen)
Begemann, E.: Die Erziehung der sozio-kulturell benachteiligten Schüler. Hannover 1970 (Schroedel)
Bleidick, U.: Pädagogik der Behinderten. Berlin 2. Aufl. 1974 (Marhold)
Bopp, L.: Allgemeine Heilpädagogik in systematischer Grundlegung und mit erziehungspraktischer Einstellung. Freiburg/Br. 1930 (Herder)
v. Bracken, H.: Entwicklungsgestörte Jugendliche. 3. Aufl. München 1970 (Juventa)
v. Bracken, H. (Hrsg.): Erziehung und Unterricht behinderter Kinder. Frankfurt/Main 1968 (Akad. Verlagsgesellsch.)
Deutscher Bildungsrat (Hrsg.): Empfehlungen der Bildungskommission zur pädagogischen Förderung behinderter und von Behinderung bedrohter Kinder und Jugendlicher. Stuttgart 1974 (Klett)
Djatschkow, J. A.: Erziehung und Bildung anomaler Kinder in der Sowjetunion. Berlin 1971 (Marhold)
v. Düring, E.: Grundlagen und Grundsätze der Heilpädagogik. Erlenbach-Zürich 1925 (Rotapfel)
Egenberger, R.: Heilpädagogik. Eine Einführung. Berlin 1958 (Marhold)
Fooken, E.: Grundprobleme der Sozialpädagogik. Heidelberg 1973 (Quelle-Meyer)
Friedländer, W. A. u. a.: Grundbegriffe und Methoden der Sozialarbeit. 2. Aufl. Neuwied 1970 (Luchterhand)
Georgens, I. D. und *H. M. Deinhardt:* Die Heilpädagogik mit besonderer Berücksichtigung der Idiotie und der Idiotenanstalten. 2. Bd. Leipzig 1861, 1863
Hanselmann, H.: Einführung in die Heilpädagogik. 8. Aufl. Zürich 1970 (Rotapfel)
Hanselmann, H.: Grundlinien zu einer Theorie der Sondererziehung. Zürich 1941 (Rotapfel)
Hartmann, N. (Hrsg.): Beiträge zur Pädagogik der Mehrfachbehinderten. Neuburgweier, Karlsruhe Bd. I 1972, Bd. II 1973 (Schindele)
Heinrichs, K.: Versuch einer wissenschaftstheoretischen Grundlegung der Heilpädagogik. Halle 1931
Heller, Th.: Grundriß der Heilpädagogik. Leipzig 1904
Iben, G.: Kinder am Rande der Gesellschaft. 3. Aufl. München 1972 (Juventa)
Kastantowicz, U.: Erziehen und heilen. Donauwörth 1963 (Auer)

Kirk, S.: Lehrbuch der Sondererziehung. Berlin 1971 (Marhold)

Klee, E.: Behinderten-Report. Frankfurt/Main 1974 (Fischer)

Klevinghaus, J.: Hilfen zum Leben. Zur Geschichte der Sorge für Behinderte. Bielefeld 1972 (Bechaut)

Klink, J.-G. (Hrsg.): Zur Geschichte der Sonderschule. Bad Heilbronn 1966 (Klinkhardt)

Koch, H. (Hrsg.): Klinische Heilpädagogik. Villingen 1973 (Neckar-Verl.)

Kobi, E.: Grundfragen der Heilpädagogik und der Heilerziehung. Bern, Stuttgart 1972 (Haupt)

Kubale, S.: Verzeichnis der Rehabilitationseinrichtungen für Kinder und Jugendliche. Berlin 1968 (Marhold)

Kubale, S.: Verzeichnis der Sonderpädagogischen Einrichtungen in der Bundesrepublik Deutschland einschließlich West-Berlin. Berlin 1964 (Marhold)

Lesemann, G. (Hrsg.): Beiträge zur Geschichte und Entwicklung des deutschen Sonderschulwesens. Berlin 1966 (Marhold)

Löwisch, D. J.: Pädagogisches Heilen. Versuch einer erziehungsphilosoph. Grundlegung der Heilpäd. München 1969 (Kösel)

Meinertz, Fr.-R.: Heilpädagogik. 3. Aufl. Bad Heilbrunn 1972 (Klinkhardt)

Mollenhauer, K.: Einführung in die Sozialpädagogik. 5. Aufl. Weinheim 1974 (Beltz)

Moor, P.: Heilpädagogische Psychologie. Bd. 1. 3. Aufl. 1967, Bd. 2. 2. Aufl. 1965 Bern, Stuttgart (Huber)

Moor, P.: Heilpädagogik. Ein päd. Lehrbuch. Bern, Stuttgart 1965 (Huber)

Otto, H.-U. und S. Schneider (Hrsg.): Gesellschaftliche Perspektiven der Sozialarbeit. 2. Bd. Neuwied 1973 (Luchterhand)

Reinartz, A. und K. J. Kluge (Hrsg.): Die Sonderpädagogik als Forschungsproblem in Deutschland. Darmstadt 1971 (Wiss. Buchgesellschaft)

Röhrs, H. (Hrsg.): Die Sozialpädagogik und ihre Theorie. Frankfurt/Main 1968 (Akad. Verlagsgesellschaft)

Rössner, L.: Theorie der Sozialarbeit. München 1973 (Reinhardt)

Sander, A.: Die statistische Erfassung von Behinderten in der Bundesrepublik Deutschland. In: Deutscher Bildungsrat. Gutachten und Studien der Bildungskommission Bd. 25 Stuttgart 1973 (Klett)

Scherpner, H.: Theorie der Fürsorge. Göttingen 1962 (Vandenhoeck)

Schomburg, E.: Die Sonderschulen in der Bundesrepublik Deutschland. Berlin, Neuwied 1963 (Luchterhand)

Solarová, S. (Hrsg.): Mehrfachbehinderte Kinder und Jugendliche. Berlin 1972 (Marhold)

Speck, O.: Früherkennung und Frühförderung behinderter Kinder. In: Deutscher Bildungsrat. Gutachten und Studien der Bildungskommission. Bd. 25. Stuttgart 1973 (Klett)

Ständige Konferenz der Kultusminister der Länder der BRD: Empfehlung zur Ordnung des Sonderschulwesens. Beiheft 9 der Zeitschrift für Heilpäd. 1972

Steiner, R.: Heilpädagogischer Kursus. Arlesheim 1952

Thimm, W. (Hrsg.): Soziologie der Behinderten. Neuburgweier, Karlsruhe 1972 (Schindele)

Wlasowa, T. A. und M. S. Pewsner: Kinder mit Entwicklungsabweichungen. Berlin 1972 (Marhold)

Wolfgart, H. (Hrsg.): Behinderte und kranke Kinder in unseren Schulen. Neuburgweier, Karlsruhe 1972

Zimmermann, K. W. (Hrsg.): Neue Ergebnisse der Heil- und Sonderschulpädagogik. Bonn-Bad Godesberg. 1. Bd. 1969, 2. Bd. 1970 (Dürr)

2. Zeitschriften

Das behinderte Kind (zweimonatl.), Rehabilitationsverlag, Kettwig
Bibliographie der Sonderpädagogik sowie Dokumentation und Information über For-
schung, Lehre, Praxis und Gesetz (zweimonatl.), Marhold, Berlin
Die Rehabilitation, Thieme, Stuttgart
Heilpädagogische Forschung (jährl. 3 Hefte), Marhold, Berlin
Jahrbuch d. Deutschen Vereinigung f. d. Rehabilitation Behinderter e. V., Thieme,
Stuttgart
Jugendwohl, Lambertus, Freiburg
Sonderpädagogik (vierteljährl.), Marhold, Berlin
Unsere Jugend, Reinhardt, München
Vierteljahresschrift f. Heilpädagogik und ihre Nachbargebiete, Institut für Heilpädagogik,
Luzern
Zeitschrift für Heilpädagogik, Verlag B. Schulze, Nienburg (Weser)

3. Handbücher

Enzyklopädisches Handbuch der Sonderpädagogik und ihrer Grenzgebiete. Hrsg. *G. Heese,
H. Wegener* (3 Bde.) Berlin 1969 (Marhold)
Handbuch der Sozialerziehung. Hrsg. *E. Bornemann* (3 Bde.) Freiburg 1964 (Herder)
Jussen, H. (Hrsg.): Handbuch der Heilpädagogik in Schule und Jugendhilfe. München
1967 (Kösel)
Lexikon der Sozial- und Jugendhilfe. Hrsg. *H. Pense.* Köln 1963 (Grote)

4. Berücksichtigte Arbeiten des Verfassers

Bach, H.:
Die Unterrichtsvorbereitung. Hannover (Zickfeldt) 1957. 10. Aufl. 1975
Schulische Erziehungsberatung. Möglichkeiten und Probleme des Gesprächs zwischen
Schule und Elternhaus. Hannover (Zickfeldt) 1960
Geistigbehindertenpädagogik. Berlin (Marhold) 1968. 6. Aufl. 1974
Unterrichtslehre L. Allgemeine Unterrichtslehre der Sonderschule für Lernbehinderte.
Berlin (Marhold) 1971. 2. Aufl. 1973
Berufsbildung behinderter Jugendlicher (mit Mitarbeitern). Bad Godesberg (Dürr) 1971.
2. Aufl. 1973
Geistigbehinderte unter pädagogischem Aspekt. Gutachten u. Studien der Bildungskom-
mission des Deutschen Bildungsrates. Bd. Sonderpäd. 3. Stuttgart (Klett) 1974
Früherziehungsprogramme für geistigbehinderte und entwicklungsverzögerte Säuglinge
und Kleinkinder (mit Mitarbeitern). Berlin (Marhold) 1974
Das leistungsschwache Kind in der Volksschule. Päd. Beitr. 1952
Schule und Erziehung. Bildg. u. Erz. 1954
Die innere Organisation des Unterrichts. Handbuch für Lehrer. Gütersloh 1960
Die pädagogische Aufgabe der Sonderschule in der Gegenwart. Zs. f. Heilpäd. 12 (1961)

Die Ausbildung für das Lehramt an allgemeinen Sonderschulen. Zs. f. Heilpäd. 12 (1961)

Aufgaben und Arbeitsweisen des Psychagogen. Hippokrates 1963

Was ist Heilpädagogik? Recht und Wirtsch. d. Schule 1963

Die Ausbildung für das Lehramt an Sonderschulen für Lernbehinderte. Zs. f. Heilpäd. 14 (1963)

Der geistig behinderte Mensch und unser Erziehungsziel. Zs. Lebenshilfe 3 (1964)

Heilpädagogische Zusatzausbildung für Lehrpersonen des berufsbildenden Schulwesens. Zs. f. Heilpäd. 16 (1965)

Die Betreuung des behinderten Kindes unter heilpädagogischem Aspekt. Der Landarzt 1965

Möglichkeiten und Grenzen der Ausbildung des geistig behinderten Kindes. Heft 3 der Lebenshilfe Wiesbaden 1965

Untersuchungen über die Motive für die Wahl des Sonderschullehrerberufes. Zs. f. Heilpäd. 17 (1966)

Heilpädagogik. Enzykl. HB d. Sonderpäd. 3. Aufl. Berlin 1965 ff.

Idee und Gestalt der Sonderschule für geistig behinderte Kinder. In: Die schulische Förderung des geistig behinderten Kindes. Handbücherei der Lebenshilfe. Bd. 6. Marburg 1966

Wandel der Familienbelastung angesichts der Entwicklung des geistig behinderten Kindes. In: Stress on families of the mentally handicapped. Brüssel 1967

Die Stellung der Sonderschule im Bildungswesen der Gegenwart. Zs. f. Heilpäd. 18 (1967)

Zur Ordnung des Unterrichts an Sonderberufsschulen. Zs. f. Heilpäd. 18 (1967)

Der Heilpädagoge als Helfer des Behinderten. In: Der behinderte Mensch in unserer Zeit. Schriften des Deutschen Vereins für öffentliche und private Fürsorge. Nr. 242. Frankfurt 1968

Das behinderte Kind lernt unter erschwerenden Bedingungen. In: *G. Heckel* u. a., Hrsg.: Das behinderte Kind in Schule und Gesellschaft. Hamburg 1967

Die Aufgaben des Sonderschullehrers und der Sonderschulassistentin an der Sonderschule für Geistigbehinderte. Lebenshilfe 8 (1969)

Pädagogik in der Werkstatt für Behinderte. Die Rehabil. 9 (1970)

Pädagogische Förderung der Mehrfachbehinderten. Zs. f. Kinderpsychol. 19 (1970)

Funktion und Grenzen der Leistungsbeurteilung in der Behindertenpädagogik. Jahrb. Dt. Vg. f. Rehabil. Beh. Heidelberg 1970

Umfang und Struktur der Sonderpädagogik. Zs. f. Heilpäd. 21 (1970)

Integrierung oder Isolierung der Sonderschulen? Sonderpäd. 1 (1971)

Notwendigkeiten und Grenzen eines Systems der Fördererziehung. Zs. f. Heilpäd. 22 (1971)

Auflösung oder Reform der Sonderschule? Mitteilg. des Vbd. dt. Sonderschulen. LV Rheinld.-Pfalz 3/1971

Laienmitarbeit als Existenzfrage der Lebenshilfe. Lebenshilfe 10 (1971)

Lernen und Lehren bei geistig behinderten Kindern. Zs. f. Heilpäd. 23 (1972)

Pädagogisch-psychologische Beratung von Eltern Behinderter. Lebenshilfe Handbücherei Bd. 8. Marburg 1972

Ausbildung von hauptamtlichen Mitarbeitern in der Hilfe für Behinderte. Jugendwohl (1972)

Die Wende der Behindertenpädagogik in der Gegenwart. Vierteljahresschr. f. Heilpäd. 42 (1973)

Pädagogische Randgruppenförderung. Jugendwohl (1974)

Krise und Reform des Systems der Rehabilitationsfachkräfte. Jahrbuch der Dt. Vg. f. d. Rehabil. Behinderter 1974/75

Zentrum für Behinderte — ja oder nein? Lebenshilfe 13 (1974)

Gruppendynamische Prozesse im Schulrahmen. Zs. f. Heilpäd. 25 (1974)

II. Teil:
Differentielle Sonderpädagogik

1. Blindenpädagogik
Von Světluše Solarová

1. Begriff

- Blindenpädagogik ist die Theorie und Praxis der Erziehung und Bildung blinder Menschen
- Als blind gelten Personen, die infolge einer Schädigung des Sehorgans kein Sehvermögen haben oder in ihrem Sehvermögen sehr stark beeinträchtigt sind (in der Regel weniger als 1/50 der Sehnorm auf dem besseren Auge), so daß sie sich nur mit fremder Hilfe in unbekannter Umgebung orientieren können und sich die Informationen aus der Umwelt, die für gewöhnlich visuell aufgenommen werden (wie etwa die Schrift), über andere Wahrnehmungssysteme aneignen müssen und Lernprozesse, an denen das Sehvermögen sonst wesentlich beteiligt ist, nur mit Hilfe spezieller Mittel und besonderer Maßnahmen vollziehen können
- **Parallelbegriffe**
  Vollblinde sind Personen, denen selbst geringste Lichtempfindungen fehlen (Vollblindheit = Amaurose)
  Praktisch Blinde werden Personen genannt, die sich mit 1/20 der Sehnorm bei uneingeschränktem Blickfeld oder mit 1/10 der Sehnorm bei eingeschränktem Blickfeld noch zurechtfinden können, deren Sehvermögen jedoch für eine berufliche Tätigkeit nicht verwertbar ist.
  Sehrestige sind Blinde mit geringen Sehresten (Sehvermögen unter etwa 1/50 der Sehnorm)
  Hochgradig Sehbehinderte sind Personen mit mehr als 1/50 der Sehnorm; trotz des besseren Visus können sie sich ohne besondere Hilfen nicht selbständig orientieren, d. h. sie verhalten sich wie Blinde
  Sehgeschädigte (Sammelbegriff für Blinde und Sehbehinderte)
  Taubblinde (blinde Menschen, die außerdem gehörlos sind)

- **Abgrenzungen**
  Sehbehinderte sind Personen mit herabgesetztem Sehvermögen, das in der Regel unter 1/20 der Sehnorm liegt; im Gegensatz zu den Blinden können sie sich im unbekannten Raum selbständig zurechtfinden und noch in größerem Umfange Informationen aus der Umwelt über das Auge aufnehmen

2. Erscheinungsbild

- Kein Sehvermögen oder nur geringe Sehreste, die sich aus einem geringen Nah- und Fernvisus und/oder einer Einschränkung des Gesichtsfeldes ergeben
- Unmöglichkeit (bei Blindgeborenen) oder eingeschränkte Fähigkeit (bei Blindgewordenen), Vorstellungen aufgrund von optischen Wahrnehmungen zu bilden
- Lernprozesse werden ausschließlich auf Grund aktueller Informationen vollzogen, die das Gehör, die Hautsinne, der Geschmack, der Geruch, die Kinästhesie und der Vibrationssinn liefern
- Beeinträchtigung der gesamten Motorik, insbesondere der Orientierung im Raum und der von ihr abhängigen Fortbewegung
- Tendenz zur Bildung von Begriffen, denen oftmals die konkrete Vorstellungsgrundlage fehlt
- mehr oder weniger auffälliges soziales Verhalten (z. B. Isolierung durch Kontaktmangel, Verhaltensstörung infolge von Minderwertigkeitsgefühlen oder von Selbstüberschätzung)

3. Ursachen

- *erbliche*
  familiär auftretende degenerative Prozesse (z. B. Pigmentartung der Netzhaut, Sehnervenschwund)
- *erworbene*
  durch Viruserkrankungen der Mutter (z. B. Röteln),
  durch Geburtsschädigungen (z. B. Blutergüsse im Gehirn),
  als Folge frühkindlicher Infektionen (z. B. Meningitis, Enzephalitis, Gonoblenorrhöe)
  Infektionskrankheiten (z. B. Scharlach, Trachom)
  bösartige Gewebsveränderungen in verschiedenen Teilen des Sehorgans (z. B. Glaukom, Gliom)
  Trübungen des Refraktionsapparates (z. B. Grauer Star)
- Verletzungen und Vergiftungen
- hormonale Störungen, Metabolismusanomalien und Ernährungsstörungen (z. B. tapetoretinale Degeneration, Keratomalazie u. ä.)

4. Häufigkeit

- etwa 0,015% eines Geburtsjahrganges im Schulpflicht-Alter, d. h. in der BRD mindestens 375 Blinde im Alter vom 1. bis zum vollendeten 3. Jahr
  375 Blinde im Alter vom 4. bis zum vollendeten 6. Jahr
  1125 Blinde im Alter vom 7. bis zum vollendeten 15. Jahre
- im Erwachsenenalter mehr als 0.015% der Jahrgänge mit zunehmend höherem Prozentanteil nach dem fünften/sechsten Lebensjahrzehnt

5. Lernverhalten

- Unmöglichkeit, optische Reize zu empfangen und sie zu verarbeiten
- Informationsaufnahme auf die verbliebenen Sinne, insbesondere Gehör und Tastsinn, beschränkt
- relativ hohe Abstraktionsfähigkeit
- häufig hochtrainiertes Gedächtnis
- oft auffallende Konzentration und Ausdauer beim Lernen

6. Sprachverhalten

- im Kleinkindalter häufig Stammelfehler und leichte Sprachentwicklungsverzögerung
- später Unauffälligkeit im Sprechen, im Redefluß und im Sprachaufbau
- meistens eine sehr differenzierte Ausdrucksweise
- Tendenz zur abstrakten bis inhaltslosen Formulierung, besonders wo die Aussagen das optische Wahrnehmungsgebiet mitbetreffen

7. Sozialverhalten

- Häufige Unsicherheit im Kontakt mit Sehenden
- Orientierungsschwierigkeiten in den gesellschaftlichen Gruppen (unter anderem durch abweichende Mimik und Bewegungseinschränkungen verursacht)
- Tendenz zu Minderwertigkeitsgefühlen
- Selbstüberschätzungserscheinungen
- eine hohe, durch Ehrgeiz motivierte Leistungsbereitschaft
- häufiger Kontaktdrang im Bezug auf die gesellschaftlichen Gruppen der Sehenden, gleichzeitig jedoch
- Abkapselungstendenzen in sich selbst (u. a. Beschäftigung mit dem eigenen

Körper) und in die sozialen Gruppierungen der Blinden
- Entwicklung eines reichhaltigen und differenzierten Angebotes innerhalb der Selbsthilfe-Blindenorganisationen, die von Blinden mitgegründet, mitgeleitet und mitunterhalten werden (Bildung, Beruf, Freizeit u. ä.)

8. Motorisches Verhalten

Die fehlende Kontrolle der motorischen Vorgänge durch das Sehen verursacht
- eine verzögerte motorische Entwicklung
- Beeinträchtigung der Lokomotion
- Unvollkommenheit der Feinmotorik (Ungeschicklichkeit, unterentwickelte Mimik)
- mangelnden Fluß der Bewegungsabläufe
- verminderte Kraft durch Trainingsmangel
- Haltungsschäden

9. Erziehungsaufgaben

Durch besondere Maßnahmen sind die Blinden mit solchen Kenntnissen, Fertigkeiten und Gewohnheiten auszustatten, daß sie trotz der Behinderung sich im Raum und in der Gesellschaft bewegen können, ihre Persönlichkeit allseitig entfalten und sich in den gesellschaftlichen Gruppen, in denen sie leben, nach ihren individuellen Möglichkeiten verwirklichen können.
Besondere Aufgaben ergeben sich in den Gebieten:
- Verstandeserziehung — Kulturtechniken und konkrete Vorstellungen
- Wahrnehmungserziehung — Kompensation durch verbliebene Sinne und Denkvollzüge
- Leibeserziehung — Koordination der Bewegung, Lokomotion, Orientierung,

körperliche Tüchtigkeit, Korrektion Körperfehlhaltung
- Technische Erziehung — Einüben von Handfertigkeiten, Beherrschen von einzelnen Arbeitsabläufen, technisches Verständnis und Umgang mit Geräten
- Sozialerziehung — Selbständigkeit, Orientieren
- Gefühlserziehung
- Ästhetische Erziehung im musischen und manuellen Bereich
- Hilfe bei der Auseinandersetzung mit der Behinderung; Anbahnung eines angemessenen Selbstwertgefühls

10. Besondere Methoden

- auf der Frühstufe intensive Beschäftigung mit dem blinden Kind, z. B. durch den körperlichen Kontakt, ansprechen, singen usw.
- kompensatorische Orientierung durch das Ertasten, Hören, Riechen, Schmecken
- umfängliche Benutzung von Lehr- und Lernmitteln des taktilen, motorischen und akustischen Bereichs
- Training der Fortbewegungsfunktionen und -sicherheit
- Benutzen der Blindenschrift
- Training und Nutzung der Sehreste
- Förderung der konkreten Vorstellungen
- Korrektion der abstrakten Sprache, der Bewegungs- und Haltungsfehler
- Kooperation mit den Eltern
- Zusammenarbeit mit Arzt, Psychologe usw.

11. Soziale Situation

- die Schichtzugehörigkeit der Familien mit blinden Kindern gleicht der Normalverteilung
- Blinde bevorzugen intellektuelle Berufe

— Einstellung der Umwelt ist durch Unsicherheit, Mitleid und Verlegenheit gekennzeichnet, was sich entweder durch eine Distanz oder eine Unterschätzung oder Überschätzung der Leistungen der Blinden äußert

— sie selbst haben diese Einstellung der Umwelt zu sich im Prinzip übernommen und empfinden sich als eine Minoritätsgruppe, die jedoch Forderungen an die übrigen gesellschaftlichen Gruppen stellt, sie begründet, bestimmte Rechte verlangt und verteidigt

— Blinde bilden wirksame Selbsthilfeorganisationen, die eine lange Tradition haben

— die Blinden gehören zu den Gruppen der Behinderten, die trotz ihres Andersseins eine relativ größere Toleranz der Umwelt genießen

12. Soziale Aufgaben

— Sozialhilfe nach dem Bundes-Sozialhilfe-Gesetz als Hilfe zum Lebensunterhalt und Hilfe in besonderen Lebenslagen sowie

— Blindengeld

— Beratung in beruflichen und psychischen Problemlagen

— Förderungsmaßnahmen, die den Blinden als Erwerbsgeminderten zustehen (Arbeitsplatzpräferenz, Steuerermäßigung)

— Umschulungshilfe besonders bei Späterblindeten

— Erholungsfürsorge

— Wohnungsbeschaffungshilfen

— Förderung der Selbsthilfe — Initiativen der Blindenorganisationen (Blindenschriftkurse, internationale Erholungszentren, Esperantokurse und -kongresse, Altenheime, Jugendfahrten, Sportwettkämpfe u. ä.)

— Förderung der Initiativen zur Integration (Arbeitsplätze unter den Sehenden, Jugendlager mit Sehenden, Zugehörigkeit zu verschiedenen Vereinen usw.)

13. Ärztliche Aufgaben

— Diagnostik — Ursachen und Prognose — (besonders hinsichtlich Progredienz bei sehrestigen Blinden und Sehbehinderten, die von Blindheit bedroht sind)

— Diagnostik und Therapie von behebbaren Sehschäden

— Diagnostik und Therapie zusätzlicher Schäden (Hör-, Körperschäden usw.)

— genetische Beratung (eugenische Indikation)

— schulärztliche Tätigkeit

14. Erziehungseinrichtungen

— sonderpädagogische Beratungsstellen zur Beratung und Anleitung der Eltern (meist den Blindenschulen oder Institutionen für Ausbildung der Blindenlehrer angeschlossen)

— Sonderkindergärten für blinde Kinder

— Sonderschulen für Blinde im Rahmen der allgemeinen Schulpflicht; Sonderschulkindergarten Grundschule Hauptschule Realschule Berufsschule (z. B. in Berlin, Hamburg und Hannover)

— Gymnasium (Blindenstudienanstalt in Marburg/Lahn)

— Umschulungsstätten für Späterblindete (z. B. in Düren)

— Erwachsenenbildungsstätten in Anlehnung an Volkshochschulen und Blindenvereine

In den Einrichtungen sind besondere Installationen und Ausstattungen für die Sicherheit des Blinden und zum Training der Normalsituation erforderlich

15. Verbände, zentrale Beratungsstellen

– Deutscher Blindenverband e. V.,
Bonn–Bad Godesberg, Bismarckstr. 30
– Verein Deutscher Blinden- und Seh-
behindertenlehrer, 2 Hamburg 39,
Borgweg 17a
– Blindenbüchereien und Hörbüchereien
in Berlin, Bonn, Düren, Essen, Ham-
burg, Karlsruhe, Köln, Nürnberg,
Stuttgart, Münster, München
– Blindenhochschulbücherei in Marburg/
Lahn
– Verein zur Förderung der Blindenbil-
dung, Hannover, Bleekstr. 26
– Blindenstudienanstalt, Marburg/Lahn,
Am Schlag 8
– Führhundschulen in Offersheim bei
Mannheim, Ingolstadt, Hamburg,
Dortmund, Saarbrücken, Hohenlock-
stedt, Berlin

16. Literaturhinweise

Boldt, W.: Blinde und hochgradig seh-
behinderte Kinder in der *physisch-
technischen* Welt. Ratingen 1966
(Aloys Henn Verlag)
Garbe, H.: Die Rehabilitation der Blinden
und hochgradig Sehbehinderten,
München/Basel, 1965 (Reinhardt)
Heslinga, K.: Über die lebenspraktische
Erziehung blinder Kinder, Berlin
1972 (Marhold)
Der Blindenfreund. Zeitschrift für das
Blindenwesen. Verein zur Förderung
der Blindenbildung, Hannover-
Kirchrode, Bleekstr. 22

2. Gehörlosenpädagogik

Von Gerhard Heese

1. Begriff

— Als gehörlos gelten Personen, die
taub (d. h. vollständig taub oder taub
mit geringen Hörresten) sind und die
wegen dieser Taubheit
als taube Kleinkinder die Lautsprache
auf normalem Wege nicht entwickeln
können oder die
im Jugend- oder im Erwachsenenalter
ertauben und dadurch einen teilweisen
Verfall ihrer Lautsprache erleiden

— **Parallelbegriffe**
Hörsprachschädigung (zu unbestimmte
Begriffsfassung; erlaubt nicht die
Unterscheidung zwischen Gehörlosig-
keit und Schwerhörigkeit)
Taubstummheit (in der Volkssprache
geläufige, aber unrichtige Bezeichnung;
Gehörlose sind nicht stumm)
Gehörschädigung (Sammelbegriff für
Taubheit und Schwerhörigkeit)

— **Teilbereichs-Begriffe**
Frühtaube (von Geburt an oder seit
früher Kindheit taube Menschen)
Ertaubte (von der Schulkindzeit an
oder später taub gewordene Menschen)
Alterstaube (in späteren Lebensaltern
taub gewordene Menschen)
Taubblinde (taube Menschen, die
außerdem blind oder stark sehbehindert sind)
Hörrestige (taube Menschen mit Hörresten)

— **Abgrenzungen:**
Schwerhörigkeit: Lautsprache im
Satzzusammenhang kann unter Verwendung elektroakustischer Hilfen
über das Gehör aufgenommen und
verstanden werden
Mutismus: Lautsprache wird voll verstanden (normales Gehör), kann aber
infolge einer schweren seelischen
Störung nicht geäußert werden (bei
an sich vorhandener Sprechfähigkeit)
Aphasie: Lautsprache wurde normal
erworben; die Fähigkeit zur Sprachverwendung (Sprachverständnis/
Sprechen) ging als Folge einer Hirn-

schädigung (z. B. nach Schläfenver-
letzung oder nach Schlaganfall) ver-
loren
Sprachlosigkeit oder nahezu beste-
hende Sprachlosigkeit bei geistiger
Behinderung
Hörstummheit: Lautsprache kann voll
aufgenommen werden (normales
Gehör) bei extremer Verzögerung
der Entwicklung des Sprechens

2. Erscheinungsbild

— kein Hörvermögen oder ein so geringes Gehör (geringe Hörreste), daß
zusammenhängende Sprache nicht verstanden werden kann
— mehr oder weniger starke Abweichungen vom normalen (d. h. unauffälli-
gen) Sprachverhalten
— Fähigkeit, gesprochene Lautsprache
vom Munde sprechender Menschen
abzusehen
— Verwendung der Gebärdensprache
(Wortgebärde) durch die frühtauben
Gehörlosen, wo ihnen diese Verstän-
digungsform bequemer als die laut-
sprachliche erscheint
— Verwendung eines Fingeralphabets
(leicht zu verwechseln, aber nicht
identisch mit der Gebärdensprache)
— Erfahrungseinschränkung durch Ausfall der akustischen Umweltsignale
sowie durch die verminderte sprachliche Information

3. Ursachen

— *erbliche*
rezessiv oder dominant vererbbare
Taubheit
— *erworbene*
vorgeburtliche Schäden (z. B. Röteln-
erkrankung der Mutter),
hochfiebrige Infektionskrankheiten

im frühen Kindesalter wie z. B. Scharlach, Medikationsschäden;
im späteren Lebensalter Aufbrauchschaden

4. Häufigkeit

— 0,05% eines Geburtsjahrganges im Schulpflicht-Alter, d. h. in der BRD mindestens
1250 Gehörlose im Alter vom 1. bis zum vollendeten 3. Jahr,
1250 Gehörlose im Alter vom 4. bis zum vollendeten 6. Jahr,
3750 Gehörlose im Alter vom 7. bis zum vollendeten 15. Jahr
— im Erwachsenenalter mehr als 0,05% der Jahrgänge mit stark zunehmend höherem Prozent-Anteil nach dem fünften Lebensjahrzehnt

5. Lernverhalten

Die für die frühtauben Gehörlosen typischen Eigenheiten im Lernverhalten sind im wesentlichen die Folgen der Einengung ihres sensorischen Aufnahmefeldes und ihrer Sprachmängel:
— verringerte Abstraktionsfähigkeit
— hoch trainiertes visuelles Gedächtnis

6. Sprachverhalten

Die sprachliche Behinderung, die aus der Hörschädigung folgt, hat ein größeres soziales Gewicht als die unmittelbare Lebenserschwerung, die von der Taubheit verursacht wird. Die sprachliche Behinderung pflegt umso größer zu sein, je früher die Taubheit eintrat (im ungünstigsten Falle also vor dem Beginn oder am Anfang der Sprachentwicklung).
Im einzelnen zeigen Gehörlose folgende typische Abweichungen in der Sprachverwendung:

Sprache auffassen (Verstehen von Sprache)
— Absehen der gesprochenen Sprache vom Munde sprechender Menschen
— bei hörrestigen Gehörlosen: Unterstützung des Absehens durch elektroakustisch verstärkte Höreindrücke (Benutzung von Hörapparaten)
— reduzierte Fähigkeit, kompliziert aufgebaute Sätze zu verstehen

Sprache äußern (Sprechen)
— Mängel im Sprachaufbau: dysgrammatischer Satzbau
— Mängel in der Sprechartikulation: Lautbildungsfehler
— Mängel in der Verwendung sprecherischer Gestaltungsmittel: Abweichungen von den üblichen Akzentuierung (Sprechmelodie, -tempo, -lautstärke)
— Ausweichen auf nicht-lautsprachliche Kommunikationsformen, sofern der Gehörlose beim Partner auf die Kenntnis des verwendeten Zeicheninventars rechnen kann (vor allem bei gehörlosen oder bei verwandten Partnern): Gebärdensprache (Wortgebärde) Fingeralphabet (jedes Fingerzeichen steht für einen Buchstaben bzw. für einen Laut)
hilfsweise Verwendung von Mimik und gestischer Aktion

7. Sozialverhalten

Die sprachliche Sondersituation, in der Gehörlose leben, prägt weitgehend ihr soziales Verhalten:
— hohe Motivierbarkeit zu schulischer, später zu beruflicher Leistung (möglicherweise erklärbar aus dem Bewußtsein, mit den hörenden Menschen der Umgebung in einer Art Wettbewerbssituation zu stehen)
— soziale Isolierung Gehörloser durch ihre Umwelt (hauptsächlich infolge der sprachlichen Verständigungs-

schwierigkeiten, z. T. auch wegen der
befremdend wirkenden Handgebärden,
mit denen sich Gehörlose gern unter-
einander verständigen)
— Folge dieser Isolierung: Selbstisolie-
rung; Rückzug in die Subkultur der
Gehörlosen (im Schulalter Gehörlosen-
schule und Internat, im Erwachsenenalter Gehörlosenverein)
Gehörlosenvereine („Heimat des
Gehörlosen") sind tatsächlich effektiv
funktionierende Ersatzeinrichtungen
für jede Art von freier Geselligkeit
im Freizeitbereich, für anteilnehmende
Fürsorge und Lebenshilfe (Beratung,
Anbahnung von Paarbeziehungen,
Arbeitsvermittlung usw. bis hin zur
Altenhilfe)

8. Bewegungsverhalten

— unauffällig im Bewegungsablauf oder
— geschickt im Bewegungsablauf als
Folge des Trainings der Arm- und
Handmotorik beim Verwenden von
Gebärden
— Einige Gehörlose, deren Gleichgewichtssinn geschädigt ist, sind
— besonders bei Dunkelheit oder in
fahrenden Verkehrsmitteln — unsicher
in Statik und Fortbewegung

9. Erziehungsaufgaben

Von allen Abweichungen, die die Taubheit verursacht, ist die sprachliche die
folgenschwerste. Sie ist es, die im wesentlichen zu weiteren Abweichungen im
Lern- und im Sozialverhalten führt. Dar-
um ist es die mit weitem Abstand vor
den anderen Aufgaben wichtigste Aufgabe der Erziehung gehörloser Kinder,
Gehörlose so früh wie möglich sprach-
tüchtig zu machen. Auf diese Weise fördert man zugleich die Entwicklung des
Lernens und, wo nötig, der Motorik

sowie die soziale Eingliederung . Der
Gehörlose kommt so am ehesten in die
Nähe des Zieles seiner Erziehung: Ver-
wirklichung der in seiner Individualität
liegenden Möglichkeiten und soziale Eingliederung in die gesellschaftlichen Gruppen.
Ferner sind Hilfen für die Auseinandersetzung mit der Behinderung und für die
Anbahnung eines angemessenen Selbstwertgefühls und von zweckmäßigen
Reaktionen auf negative Verhaltensweisen seitens der Umwelt erforderlich

10. Besondere Methoden

Auf der Frühstufe (1. bis vollendetes
3. Lebensjahr):
— Entwicklung der Lausch- und Antlitz-
gerichtetheit (besonders in der Kommunikation mit der Mutter)
— Anbahnung eines Abseh-Wortschatz-
Fundaments
— Anregung zum Erwerb der Fähigkeit,
Wörter zu sprechen und sie in ein-
fachen Satzgebilden zu verwenden
— Beratung der Miterzieher (insbeson-
dere der Mutter) über Möglichkeiten
der sprachlichen Förderung in der
Haus-Spracherziehung
— sprachliche Förderung in „Wechselgruppen" (gemeinsamer Aufenthalt
des gehörlosen Kindes und seiner
Mutter für mehrere Tage oder Wochen
in der Einrichtung, von der aus die
Haus-Spracherziehung beraten wird)
Auf den Stufen, die der Frühstufe folgen
(Elementar-, Primarstufe und weitere
Stufen des Bildungswesens):
— Abseh-Unterricht
— konstruktiver Sprachaufbau und -aus-
bau durch Artikulations- und Sprach-
formunterricht
— Hörtraining zur optimalen Nutzbar-
machung der Hörreste für den Sprachaufbau
— Motivierung zur Verwendung der Lautsprache in der Schule, im Internat, in
der Familie

– Kooperation der Lehrer und Erzieher mit Eltern, Ärzten, Sozialarbeitern, Hörgerätetechnikern usw.

Im übergreifenden Förderbereich (Freizeitbereich, Erwachsenenbildung u. a.) zusätzlich:

– Sprachpflege-Maßnahmen (z. B. Sprachpflege- und Absehkurse über Volkshochschulen oder Gehörlosenvereine)
– Unterstützung der Sozialhilfe-Tätigkeit der Gehörlosenvereine

In den Einrichtungen sind besondere technische Installationen (z. B. zur Diagnostik und zum Hörtraining) und methodengerechte Lern- und Lehrmittel erforderlich

11. Soziale Situation

– Schichtzugehörigkeit der Familien mit gehörlosen Angehörigen gemäß der Normalverteilung
– Einstellung der Umwelt zu Gehörlosen, die als abweichend empfunden werden, distanziert
– Gehörlose empfinden sich selbst als Angehörige einer gesellschaftlichen Randgruppe (Minorität), die von der Majorität nicht verstanden wird, und entwickeln deshalb reaktiv eine Tendenz zur Abkapselung
– Distanzfeld der Umwelt gegenüber Gehörlosen wird mit zunehmender Information der Öffentlichkeit über Behinderte allgemein und über Gehörlose im besonderen zwar sehr langsam, aber stetig schmaler

12. Soziale Aufgaben

– Sozialhilfe nach dem Bundes-Sozialhilfe-Gesetz als Hilfe zum Lebensunterhalt und
Hilfe in besonderen Lebenslagen, insbesondere Beratung

– Einbezug in die Förderungsmaßnahmen, die den Gehörlosen als Erwerbsgeminderten zustehen:
Arbeitsplatzpräferenz,
Steuerermäßigung für Mehraufwand,
Umschulungshilfe (insbesondere bei Spätertaubten),
Erholungsfürsorge (auch für Mütter gehörloser Kinder) u. a.
– öffentliche Förderung aller Selbsthilfe-Initiativen der in Verbänden organisierten Gehörlosen (z. B. Absehkurse, Jugendfahrten, internationaler Austausch, Altenkreise usw.)
– geförderten Initiativen zu Integrationsversuchen (gemischte Jugendlager, Sportwettkämpfe usw., planmäßige Hineinnahme von Gehörlosen in Vereine, Gewerkschaften und Parteien bei patenschaftlicher Begleitung für eine gewisse Zeit u. a.)

13. Ärztliche Aufgaben

– Diagnostik und Prognose unter medizinischen Aspekten (insbesondere hinsichtlich eventueller Progredienz bei hörrestigen Gehörlosen)
– Therapie progredienter Prozesse bei Hörrestigen, evtl. hörverbessernde Operationen
– Diagnostik und Therapie zusätzlicher Schäden:
Gleichgewichtssinn (Motorik),
Sehsinn (unentbehrlich für das Absehen) usw.
– genetische Beratung (Familienplanung, eugenische Indikation)
– schulärztliche Tätigkeit in Bildungseinrichtungen für Gehörlose

14. Erziehungseinrichtungen

– sonderpädagogische (auch: pädo-audiologische) Beratungsstellen zur Beratung

und Anleitung der Eltern (Haus-Spracherziehung)
— sprachanbildende Arbeit mit kleinen
gehörlosen Kindern in „Wechselgruppen" an Gehörlosenschulen (Intensivförderung der Haus-Spracherziehung
bei zeitweiliger Aufnahme von Kind
und Mutter in das Internat)
— Sonderkindergarten für gehörlose Kinder vom 4. bis zum vollendeten
6. Lebensjahr
— Sonderschulen für Gehörlose im Rahmen der allgemeinen Schulpflicht,
untergliedert in
Sonderschulkindergarten
Grundschule
Hauptschule
Realschule (in Dortmund, Hamburg,
München)
Berufsschule
— Einrichtungen der Erwachsenenbildung
in Anlehnung an Volkshochschulen
oder Gehörlosenvereine
Die pädagogische Arbeit mit taubblinden
Kindern ist ein Sonderproblem der Gehör-
losenbildung. Der Unterricht muß sich
bei diesen Kindern und Jugendlichen
weitgehend auf den Tastsinn stützen.
Erziehungseinrichtung ist die
— Taubblindenschule beim Deutschen
Taubblindenwerk e. V., 3000 Hanno-
ver-Kirchrode, Albert-Schweitzer-
Hof 27
Von dort ist auch jede gewünschte Infor-
mation über pädagogische und soziale
Fragen im Zusammenhang mit der Taub-
blindheit erhältlich

15. Verbände, zentrale Beratungsstellen

— Deutscher Gehörlosenbund e. V.,
6 Frankfurt/M., Elkenbachstr. 16, mit
Ortsvereinigungen in vielen größeren
Städten
— Beratungsstellen oder -möglichkeiten
über
Gehörlosenschulen
Gesundheitsämter

Universitäts-Hals-Nasen-Ohren-Kliniken
— Bund Deutscher Taubstummenlehrer
— Deutscher Wohlfahrtsverband für
Gehör- und Sprachgeschädigte e. V.,
69 Heidelberg, Quinckestr. 72

16. Literaturhinweise

Heese, G.: Die Rehabilitation der Gehör-
losen. München/Basel 1961 (Ernst
Reinhardt Verlag)
Jussen, H.: Hörgeschädigtenpädagogik.
In: Handbuch der Heilpädagogik in
Schule und Jugendhilfe. München
1967 (Kösel-Verlag).
Löwe, A.: Haus-Spracherziehung für hör-
geschädigte Kleinkinder. 2. Aufl.
Berlin 1965 (Carl Marhold Verlag)
Löwe, A.: Hörenlernen im Spiel. 2. Aufl.
Berlin 1973 (Carl Marhold Verlag)

hörgeschädigte kinder, erscheint vierteljährlich, Kettwig (Rehabilitationsverlag)
Hörgeschädigtenpädagogik, erscheint
vierteljährlich, Heidelberg (Julius
Groos Verlag)

3. Geistigbehindertenpädagogik

Von Heinz Bach

1. Begriff

- Geistigbehindertenpädagogik ist die Theorie und Praxis der Erziehung aller geistigbehinderten Personen
- Als geistigbehindert gelten Personen, deren Lernverhalten wesentlich hinter der auf das Lebensalter bezogenen Erwartung zurückbleibt und durch ein dauerndes Vorherrschen des anschauend-vollziehenden Aufnehmens, Verarbeitens und Speicherns von Lerninhalten und eine Konzentration des Lernfeldes auf direkte Bedürfnisbefriedigung gekennzeichnet ist, was sich in der Regel bei einem Intelligenzquotienten von unter 55/60 findet. Geistigbehinderte sind zugleich im sprachlichen, emotionalen und motorischen Bereich beeinträchtigt und bedürfen dauernd umfänglicher pädagogischer Maßnahmen. Auch extrem Behinderte gehören − ohne untere Grenze − zum Personenkreis
- **Parallelbegriffe**
  Praktische Bildbarkeit, Motorische Bildbarkeit, Lebenspraktische Bildungsfähigkeit, Bildungsschwäche

- **Verwandte Begriffe**
  Schwachsinn, Begabungsschwäche, Oligophrenie schweren Grades, Imbezillität und Idiotie

- **Abgrenzungen**
  Lernbehinderung: Intelligenzquotient etwa zwischen 55/60 und 75/80 (Lesen und Schreiben als wesentliche Informationsmittler)
  Sprachlosigkeit zum Beispiel auf Grund von Gehörlosigkeit
  Extreme Verhaltensauffälligkeit (z. B. autistische Züge) bei nicht fundamental eingeschränkter Intelligenz

2. Erscheinungsweisen

Regelmäßig
- durchgängig überwiegendes anschauend-vollziehendes Lernen (vgl. 5)

- Wahrnehmungsschwächen
- Bewegungskoordinationsstörungen
- sprachliche Entwicklungsrückstände
- Verhaltensauffälligkeiten (zum Teil als Folge unzweckmäßiger Erziehung)
- soziale, motorische, sprachliche Äußerungen auch im Jugend- und Erwachsenenalter in vieler Hinsicht ähnlich denen bei vier- bis siebenjährigen Nichtbehinderten
- dauernde Unterstützungs- und Schutzbedürftigkeit
- veränderbar durch erzieherische, milieumäßige, medizinische, organische Gegebenheiten

Häufig
- zusätzliche Sehbehinderungen
- Hörbehinderungen
- Körperbehinderungen
- innere Erkrankungen (Herzfehler, Infektionen der Atemwege)
- z. T. Pflegebedürftigkeit (insbesondere bei Geistig-Schwerstbehinderten)

3. Ursachen

- *chromosomale*
  (Trisomie 21, Katzenschreisyndrom, Klinefeltersyndrom, Edwardssyndrom)

- *metabolisch-genetische*
  (Eiweiß-, Kohlehydrat-, Fett-, Lipoid-Stoffwechselstörungen)

- *exogene*
  (chemische, mechanische, Strahlenschäden, Infektionskrankheiten, endokrine)

- *erbliche*

- *unklare*
  Sozio-ökonomisch-pädagogische Benachteiligungen allenfalls in Extremfällen (krimineller) Hospitalisierung − gelegentlich jedoch als verstärkende Faktoren

4. Häufigkeit

- 0,6% eines Geburtsjahrganges im
schulpflichtigen Alter, d. h. mindestens
15 000 Geistigbehinderte im Alter von
0 bis 3 Jahren
15 000 Geistigbehinderte im Alter von
4 bis 6 Jahren
45 000 Geistigbehinderte im Alter von
7 bis 15 Jahren
15 000 Geistigbehinderte im Alter von
16 bis 18 Jahren
15 000 Geistigbehinderte im Alter von
19 bis 21 Jahren
30 000 Geistigbehinderte im Alter von
22 bis 27 Jahren

5. Lernverhalten

- weitgehende, jedoch in gewissem Umfange zu erweiternde quantitative und
qualitative Eingeengtheit des Lernfeldes auf räumlich und zeitlich Nahes,
den vitalen Lebensbedürfnissen direkt
Dienendes; sachverhaftete Ansprech-
barkeit, „Lebenspraktische Bildbarkeit"
- durchgängig überwiegendes anschauend-vollziehendes Lernen; relativ geringe Abstraktionsfähigkeit; „Praktische Bildbarkeit"
- begrenzte Fähigkeit zu selbständiger
Aufgabengliederung; spezielle Füh-
rungsbedürftigkeit im Lernprozeß
- geringes Lerntempo
- stark begrenzte Durchhaltefähigkeit
- Gedächtnisschwächen (großer Wieder-
holungsbedarf)
- punktuelle Aufmerksamkeit
- geringe Spontaneität im Hinblick auf
Lernaufgaben (z. T. Folge resignativer
pädagogischer Haltungen, in gewissem
Umfange korrekturfähig)
- Gebundenheit des Gelernten an die
ursprüngliche Situation (Transfertrai-
ningsbedarf)
- unterschiedliches Ausmaß der Beeinträchtigung gemäß Grad der Behinderung, Lebensalter, Lernbereich, Vor-
förderung

- Veränderbarkeit durch lernverbessernde
Maßnahmen

6. Sprachverhalten

- unregelmäßige Sprachaufbauprozesse
- Ausprägungsmängel in Dynamik,
Melos, Rhythmus, Tempo
- Profilmängel des Lautbestandes
- konkretorische Ausdrucksweise
- grammatisch-syntaktische Gestaltungs-
schwäche
- mangelnde Folgerichtigkeit
- verringerte Ausdrucks- und Sprechbereitschaft
- z. T. Folge resignativer Sprachförderung, in gewissem Umfange korrekturfähig

7. Sozialverhalten

- frühkindlichen Entwicklungsstufen
vergleichbar
- *häufig*
Gehemmtheiten (Übersteuerung;
neurotische Züge: Selbstunsicherheit,
Regressionen als Folge von Erzie-
hungshärte, Nötigung, Überbesorgtheit oder
Hemmungslosigkeiten (Untersteuerung; Verwahrlosungszüge: Aggressivität, Bequemlichkeitshaltungen) als
Folge von Vernachlässigung, Verwöhnung, Inkonsequenz
- *gelegentlich*
erethische Verhaltensweisen auf Grund
organischer Schäden
torpide Verhaltensweisen auf Grund
organischer Schäden
autistische Verhaltensweisen

8. Motorisches Verhalten

- kleinkindhafte Bewegungsabläufe
- mangelnde Bewegungskoordination
- Haltungsmängel

9. Erziehungsaufgaben

- Sozialerziehung – Erziehung zu Umgänglichkeit (Kommunikations-, Integrations- und Kooperationsfähigkeit)
- Lebenspraktische Erziehung – Erziehung zu Selbständigkeit und Umweltorientiertheit
- Arbeitserziehung – Erziehung zu Anstelligkeit und Leistungsfähigkeit
- Leibeserziehung – Erziehung zu Körpertüchtigkeit
- Wahrnehmungserziehung – Erziehung zu Wahrnehmungstüchtigkeit
- Gestaltungserziehung – Erziehung zu Darstellungstüchtigkeit einschließlich Handfertigkeit
- Spracherziehung – Erziehung zu Sprachtüchtigkeit
- Verstandeserziehung – Intelligenzförderung (Gegenstands-, Regel-, Zeichen-, Zahlenverständnis)
- Emotionale Erziehung – Erziehung zu emotionaler Teilhabe und Erlebnisfähigkeit
- Religiöse Erziehung
- Fördererziehung zum Abbau spezieller Sprach- und Verhaltensstörungen sowie von Haltungsschäden usw.
- Optimierung des Lernverhaltens
- Mündigkeit und Selbstvertrauen

10. Besondere Methoden

- weitgehende Individualisierung
- anschauend-vollziehendes Lernen
- Aufgabengliederung in kleinste Schritte

- gemäßigtes Tempo
- eindringliche, durchgängige Motivation
- gezielte Bekräftigung
- häufige Wiederholung
- Transfertraining
- verkürzte Pausenabstände
- verhaltenstherapeutische Verfahren (für bestimmte Lernaufgaben)
- psychagogische Verfahren (bei bestimmten Fehlhaltungen)
- Beratung und Anleitung der Miterzieher (insbesondere der Eltern)
- Kooperation mit Ärzten, Sozialarbeitern usw.

11. Soziale Situation

- Verteilung der Schichtenzugehörigkeit der Familien mit Geistigbehinderten etwa gemäß der Normalverteilung
- Einstellung der Umwelt zu Geistigbehinderten und ihren Familien eher distanziert, jedoch mit zunehmendem Mitgefühl – bei geringem sachlichem Informationsstand
- öffentliches Bewußtsein wächst (Presse, Fernsehen, Rundfunk, Gesetze, Regierungsprogramme)
- Familien häufig in Vorwurfs-, Flucht-Abkapselungshaltungen gegenüber der Umwelt; psychische und physische Überforderung
- Rechtliche Sicherung des Schulbesuchs in allen Ländern der BRD
- Sozialrechtliche Regelungen durch BSHG

12. Soziale Aufgaben

- Maßnahmen der Hilfe zum Lebensunterhalt, zur Pflege usw.
- Steuerermäßigungen
- Versicherungsschutz
- berufsfördernde Leistungen
- Wohnungsbeschaffungshilfen

— Erholungskuren — auch für Mütter
  von Geistigbehinderten
— praktische Nachbarschaftshilfen
— Beratung in wirtschaftlichen und
  psychischen Problemlagen
— Information der Öffentlichkeit über
  Lage der Behinderten, ihre Erziehungs-
  möglichkeiten, Situation der Familie
— Anbahnung angemessener Verhaltensweisen der Umwelt gegenüber dem
  Behinderten und seiner Familie

13. Ärztliche Aufgaben

— Diagnostik bezüglich Umfang, Ursachen
  und Prognose der zugrundeliegenden
  Schädigung
— Diagnostik und Therapie zusätzlicher
  Schäden (Hör-, Seh-, Zahn-, Kiefer-
  schäden, Körperbehinderungen,
  innere Erkrankungen wie Herzfehler,
  Infektion der Atemwege usw.)
— gesamtphysische Optimierung durch
  medikamentöse und diätetische Maßnahmen
— schulärztliche Untersuchungen
  (Erholungsverschickung, Schulsonderturnen, Empfehlung an behandelnde
  Ärzte usw.)
— Präventivmaßnahmen: Vorsorgeuntersuchungen, genetische Beratung

14. Erziehungseinrichtungen

— Sonderpädagogische Beratungsstellen
  zur Beratung und Anleitung der Eltern
  und zur ambulanten Erziehung geistigbehinderter Kleinkinder
— Sonderkindergarten für Geistigbehinderte — 3.—6. Lebensjahr
— Sonderschulen für Geistigbehinderte
  — 6.—18. Lebensjahr — Verlängerungsmöglichkeit bis zu 3 Jahren
  Gliederung der Schulen:
a) Vorstufe: Anbahnung der Sozial-
  fähigkeit

b) Unterstufe: Spielendes Lernen
  (Lebensalter etwa zwischen sechs
  bis zehn Jahre), Spielraumeinrich-
  tung
c) Mittelstufe: Mitschaffendes Lernen
  (Lebensalter etwa acht bis zwölf
  Jahre), Wohnraumeinrichtung
d) Oberstufe: Werkgerichtetes Lernen
  (Lebensalter etwa zehn bis fünfzehn Jahre), Werkraumeinrichtung
e) Abschlußstufe: Hinführung zur
  Arbeitswelt (Lebensalter etwa
  fünfzehn bis achtzehn Jahre),
  Werkraumeinrichtung

Aufnahmekriterien
— körperlicher Entwicklungs-
  zustand, der eine Teilnahme an
  Veranstaltungen ermöglicht
— unterschiedlich lange Eingewöh-
  nungszeit bei besonderen Bedingungen oft erforderlich
— für Geistig-Schwerstbehinderte
  und extrem Pflegebedürftige
  auf Dauer besondere personelle,
  räumliche und ausstattungs-
  mäßige Voraussetzungen erforderlich
— andernfalls: Hausunterricht
  bzw. Hausförderung

— Berufsausbildungsstätten im Rahmen
  der Werkstatt für Behinderte
— Einrichtungen der Erwachsenenpäd-
  agogik: Clubs, Ferienfreizeiten, Volks-
  hochschulveranstaltungen usw.
— pädagogische Maßnahmen im Rahmen
  der Werkstatt für Behinderte und der
  Wohnstätten für Geistigbehinderte
  einschließlich der Anstalten

Installationen und Ausstattung in den
Einrichtungen gemäß den speziellen
pädagogischen Zwecken (z. B. Wohnraumeinrichtung, Haushaltsgeräte
usw.)
Weitmögliche Integrierung der Einrichtungen durch Größe (maximale
Schulgröße etwa 100 Schüler), Stand-
ort (nicht in abgelegenen Gegenden),
Nachbarschaft (öffentliche Einrichtungen, allgemeine Schulen usw.) und
Kooperationsformen (Patenschaften,
gemeinsame Veranstaltungen)

Gegenwartstendenzen: Verschiebung der Aufgabenstellungen der Einrichtungen für Geistigbehinderte mit zunehmenden pädagogischen Erfolgen („gymnasiale Tendenzen") statt Weiterleitung der Geförderten in Lernbehinderteneinrichtungen zugunsten intensiver Bemühungen um den verkleinerten Personenkreis einschließlich der Geistig-Schwerstbehinderten

Josef, K.: Lernen und Lernhilfen bei geistig Behinderten, Berlin 1968 (Marhold-Verlag)
Speck, O.: Der geistigbehinderte Mensch und seine Erziehung. München, Basel 2. Aufl. 1972 (Reinhardt-Verlag)

Handbücherei der Bundesvereinigung Lebenshilfe für geistig Behinderte. Marburg
Empfehlungen des Pädagogischen Ausschusses der Bundesvereinigung Lebenshilfe für geistig Behinderte. Sammelausgabe. Marburg 1973
Lebenshilfe. Vierteljahresschrift. Marburg

15. Verbände, zentrale Beratungsstellen

— Bundesvereinigung Lebenshilfe für geistig Behinderte
   3554 Marburg-Cappel, Raiffeisenstr. 18
   Telefon: 0 64 21 — 4 30 07
— bzw. die entsprechenden Landesverbände oder die über 300 Ortsvereinigungen
— Beratungsstellen der Gesundheitsämter
— Beratungsstellen der Jugendämter
— Sonderschulen, Sonderkindergärten und andere Einrichtungen für Geistigbehinderte

16. Literaturhinweise

Bach, H.: Geistigbehindertenpädagogik. 6. Aufl. Berlin 1974 (Marhold-Verlag)
Bach, H.: Geistigbehinderte unter pädagogischem Aspekt. Gutachten der Bildungskommission. Bd. Sonderpäd. 3. Stuttgart 1974 (Klett Verlag)
Egg, M.: Ein Kind ist anders. Zürich (Spiegel-Verlag)
Eggert, D.: Tests für geistig Behinderte. Weinheim, Berlin, Basel 1970 (Beltz-Verlag)
Harbauer, H.: Geistig Behinderte. Stuttgart 1971 (Georg-Thieme-Verlag)

4. Körperbehindertenpädagogik

Von Franz Schönberger

1. Begriff

– „Körperbehinderung ist eine überwindbare oder dauernde Beeinträchtigung der Bewegungsfähigkeit mit anhaltenden erheblichen Auswirkungen auf die kognitiven, emotionalen und sozialen Vollzüge infolge einer Schädigung des Stütz- und Bewegungsapparates oder einer anderen organischen Schädigung."

– **Abgrenzungen**
Haltungsfehler (weniger umfängliche Beeinträchtigung der Stützfunktionen)
psychomotorischer Entwicklungsrückstand (debilite motrice)
kurzdauernde Bewegungseinschränkung durch voll heilbare Schädigung von Stütz- und Bewegungsorganen (z. B. Knochenbruch)
Bewegungseinschränkung infolge von Sinnesschädigungen oder Intelligenzdefekten

2. Formen und Ursachen der Schädigung

(ausgewählt nach ihrer derzeitigen Häufigkeit)

a) **Zerebrale Bewegungsstörungen**
(infantile Zerebralparese, zerebrale Kinderlähmung, infantile cerebral palsy = CP): Abnorme Haltungs- und Bewegungsmuster infolge einer Schädigung des noch unreifen Gehirns entweder *vor* der Geburt (pränatal; z. B. Infektionskrankheit der Mutter) oder *bei* der Geburt (perinatal; z. B. Frühgeburt, Sauerstoffmangel) oder *nach* der Geburt (postnatal; z. B. schwere Ernährungsstörungen im Säuglingsalter; Gehirnentzündung oder Hirnverletzung in der frühen Kindheit) –
Muskeltonus entweder erhöht (Spastik) oder erniedrigt (muskuläre Hypotonie; auch bei Ataxie) oder abnorm schwankend (bei Athetose und Mischformen)

betroffen
– alle vier Extremitäten etwa gleich (Tetraplegie)
– vorwiegend die unteren Extremitäten (Diplegie, Littlesche Krankheit)
– die Extremitäten einer Körperseite (Hemiplegie)
– nur die unteren Extremitäten (Paraplegie: selten)
– eine Extremität (Monoplegie: selten)

häufig mitbetroffen
– Mimik (bes. bei Athetose)
– Sprechmotorik

Schweregrad
von sehr leicht (minimal cerebral palsy)
bis sehr schwer (Unfähigkeit zu Willkürbewegungen)

Häufige zusätzliche Beeinträchtigungen
– primär-hirnorganische Intelligenzdefekte und durch die Bewegungsbehinderung bedingte (sekundäre) Intelligenz-Entwicklungshemmungen; häufiger intellektuelle Teilleistungsschwächen (vorwiegend bei wahrnehmungsabhängigen Erkenntnisleistungen) als generelle Intelligenzleistungsschwäche (Schwachsinn)

– Sprachstörungen, vor allem infolge gestörter Sprechmotorik (Dysarthrie, Anarthrie), Stimmgebung (Dysphonie) und Atmung; Verzögerungen im Spracherwerb, synchron oder asynchron zur motorischen, intellektuellen und sozialen Entwicklung; zentrale Sprachstörungen („Aphasien"); durch Hörausfälle bedingte Sprachstörungen (audiogene Dyslalien)
– Hörstörungen, vor allem Hochton-Schwerhörigkeit, gehäuft bei Athetose
– Sehstörungen, vor allem Schielen, gehäuft bei spastischer Lähmung
– primäre und sekundäre Verhaltensstörungen in der Leistung (Auf-

merksamkeit, Ausdauer, Motivation) und im Sozialkontakt
— Anfallsleiden (Epilepsien)

b) Angeborene Gliedmaßen-Fehlbildungen (Dysmelien)

Verschiedenartigste Formen (z. B. Amelie = Fehlen von Gliedmaßen; Peromelie = amputationsähnlicher Stumpf; isolierte Fingermißbildungen; Klumphand und Klumpfuß), alle Schweregrade

z. Zt. zahlenmäßig bedeutsam infolge der „Contergan-Katastrophe" (1959 bis 1962): *Thalidomid-Embryopathie* — charakteristische Fehlbildungen der Gliedmaßen, oft auch der Seh-, Hör- und inneren Organe (z. B. Herz) — alle Schweregrade motorisch-statischer Behinderung — häufig Hörstörungen (meist Schalleitungsschwerhörigkeit) — seltener Sehstörungen — Intelligenz-Entwicklungshemmungen, meist nur als perzeptorisch-kognitive Teilleistungsstörungen — milieureaktive Störungen des Leistungs- und Sozialverhaltens

c) Querschnittslähmung

Lähmungen und oft auch Sensibilitätsstörungen verschiedenen Grades, häufig verbunden mit Störungen der Blasen-, Mastdarm- und Genitalfunktion — Folge einer Fehlbildung und/oder Verletzung des Rückenmarks, verursacht durch angeborene Spaltbildung der Wirbelsäule (*spina bifida* mit Meningomyelocele = Vorfall von Rückenmarkhäuten und Rückenmark; oft verbunden mit Hydrocephalus = Wasserkopf) oder Verletzung der Wirbelsäule (z. B. bei Verkehrsunfall) — bedeutsam wegen Zunahme der Überlebenschancen bei spina bifida sowie der Verkehrsunfälle im Kindesalter

betroffen
die unterhalb des fehlgebildeten und/oder verletzten Wirbelsäulensegmentes liegenden Körperteile

Zusätzliche Beeinträchtigungen
— primär-hirnorganische Intelligenzdefekte und Verhaltensstörungen

möglich bei spina bifida mit Hydrocephalus
— bei später erworbener Qu. psychische und soziale Entwicklung abhängig von Schädigungszeitpunkt, prämorbider Persönlichkeit und Umweltreaktionen, daher sehr uneinheitlich
— erhebliche psychosoziale Belastung bei Störungen der Blasen-, Mastdarm- und Genitalfunktion und durch „architektonische Barrieren" (Rollstuhl!)

d) Progressive Muskeldystrophie

Fortschreitende Kraftlosigkeit der Muskulatur, wahrscheinlich infolge genetischer Störungen des Enzymstoffwechsels

Wichtigste Formen:
— *Infantile Beckengürtelform (Duchenne)*
rezessiv geschlechtsgebunden vererbt (befällt nur Söhne), Auftreten in den ersten fünf Lebensjahren, führt im 2. Lebensjahrzehnt zu Geh- und allgemeiner Bewegungsunfähigkeit; häufig Störungen des Herzens und der innersekretorischen Drüsen; biophysisch wie psychisch (durch Apathie, Resignation, Euphorie) bedingter Leistungsabbau; eingeschränkte Lebenserwartung

— *Juvenile Schultergürtelform* (ERB), autosomal-dominant vererbt (befällt Söhne und Töchter), Auftreten zwischen 7. und 25. Lebensjahr, zunehmende Bewegungsbeeinträchtigung der oberen, selten und später der unteren Extremitäten; u. U. normale Lebenserwartung

Besondere Probleme
— Erhaltung des Willens zu sinnvoller Lebensgestaltung; erschwert bei Erkrankung mehrerer Geschwister
— Entwicklung schädigungsspezifischer Förderkonzepte trotz verminderter Lebenserwartung
— eugenische Beratung

e) Andere Schädigungsformen

- *Chondrodystrophie* (Chondrodystrophia hypoplastica foetalis, *Kaufmann*)
  angeborene Aufbaustörung des knorpelig vorgebildeten Skeletts — Zwergwuchs, Deformitäten besonders der unteren Extremitäten — soziale Fehlentwicklung infolge Entstellung häufig („Liliputaner")

- *Osteogenesis imperfecta* („Glasknochen-Krankheit")
  erbliche, intrauterin oder im Kindesalter auftretende, verschiedengradige Störungen der Knochenbildung — Instabilität der Knochen führt zu Brüchen und Verbiegungen, diese zu Deformitäten und Bewegungseinschränkungen — später auftretende Innenohrschwerhörigkeit häufig — Verhütung und Behandlung von Knochenbrüchen besonders wichtig — oft Stillstand oder Besserung der Krankheit nach der Pubertät

- *Arthrogrypose* (Arthrogryposis multiplex congenita)
  angeborene mangelhafte Ausbildung der Muskulatur einzelner Gelenke führt zu schweren Gelenkkontrakturen („Gelenkstarre", „Gliederstarre") — erhebliche Bewegungseinschränkungen besonders der oberen (Hand- und Fingergelenke, Ellenbogen) aber auch der unteren Extremitäten

- *Spinale Kinderlähmung* (Poliomyelitis anterior acuta, P. epidemica, *Heine-Medin*)
  Virusinfektion — entzündliche Erkrankung vor allem der Vorderhornzellen des Rückenmarks — verschiedengradige schlaffe Lähmungen meist der unteren Extremitäten — seit Schutzimpfung äußerst selten, vorher in Schule für Körperbehinderte häufigste Schädigungsform

- *Bluterkrankheit* (Hämophilie)
  rezessiv geschlechtsgebunden vererbte (in ihren häufigsten Formen nur bei Söhnen auftretende) Blutungsneigung und Blutgerinnungsanomalie — Gelenkblutergüsse können zu erheblicher Bewegungsbeeinträchtigung führen (Blutergelenk) — meist unregelmäßiger Schulbesuch infolge von Blutungsereignissen — Maßnahmen zur Risikominderung, zur Sofort- und Nachbehandlung notwendig (Lebensgefahr)

- Andere chronische Erkrankungen (z. B. rheumatische Arthritis), sofern sie umfängliche Bewegungseinschränkungen bewirken

3. Häufigkeit

Sonderschulbedürftige Körperbehinderte (ohne chronisch Kranke und Krankenhausschüler): 0,2—0,3 der altersgleichen Schulpflichtigen (Expertenschätzungen) — Anzahl jener Körperbehinderten, die im Säuglings- und Kleinkinderalter oder begleitend zum Besuch einer allgemeinen Schule besonderer pädagogischer, medizinischer und psychologischer Maßnahmen bedürfen, wesentlich höher

4. Lern- und Leistungsverhalten

Spezifische Normabweichungen nur nachgewiesen
- bei Körperbehinderungen infolge einer *frühkindlichen Hirnschädigung* (s. 2a) u. 2c))
- bei *angeborenen und früh erworbenen* Körperbehinderungen ohne Hirnschädigung (s. 2b))

Typisch für beide Gruppen: Ausfälle im perzeptorisch-kognitiven Bereich („Perzeptionsstörungen", z. B. Gestalterfassungs- und Gestaltreproduktionsstörungen, Raum-Lage-Labilität, Störungen der visuell-motorischen Koordination), wahrscheinlich aufgrund gestörter sensumotorischer Lernprozesse (Bildung von Handlungsplänen in der Objekt- und Raumerfahrung durch Wahrnehmung und Bewegung) in den ersten beiden Lebensjahren (primär-hirnorganische Mitverursachung bei der ersten Gruppe wahrscheinlich) — teilweise durch spezielle Trainingsmethoden korrigierbar oder durch Sprache und Gedächtnis kompensierbar

Intelligenzleistungs-Rückstände („Pseudodebilität") infolge unzureichender Fördermöglichkeiten insbesondere im Früh- und Elementarbereich, regional auch noch im Schulalter häufig

Intelligenzleistungs-Messung durch motorische, insbesondere aber mehrfache Behinderung erschwert — standardisierte Tests oft nicht oder nur modifiziert anwendbar — Intelligenz-Quotient daher häufig unzuverlässig — gültige Diagnose und Prognose häufig nur in langzeitigem multidisziplinärem Förderversuch zu gewinnen

5. Sprachverhalten

— Sprachstörungen im engeren Sinne nur nachgewiesen bei *zerebral Bewegungsgestörten* (s. 2a))
— *bei angeborenen und früh erworbenen* Körperbehinderungen (mit oder ohne Hirnschädigung) gelegentlich beobachtet: verzögerte Sprachentwicklung; Erfahrungsmangel führt zu inhaltsarmen Begriffen („Worthülsen"); motorisches Defizit wird verbal überkompensiert

6. Sozialverhalten

— Störungen der psychomotorischen Aktivität (Erethismus, Torpidität), der Eigen- und Fremdwahrnehmung, der Affektivität (Reizüberempfindlichkeit,

Stimmungslabilität, mangelnde rational-voluntative Steuerung) bei manchen *zerebral Bewegungsgestörten* (s. 2a)) beobachtet — teils als direkte Folge der Hirnschädigung aufzufassen, jedoch stets milieureaktiv zumindest mitverursacht (bzw. „überlagert") — weitgehend beeinflußbar
— „Soziopathie" (*H. Würtz*) keine zwangsläufige Folge der Körperbehinderung — keine typischen Störungen des Sozialverhaltens nachgewiesen
— alle bekannten Formen gestörten und im engeren Sinne *neurotischen* Sozialverhaltens anzutreffen (Verbergen, Vorführen, Verstärken der Behinderung usw.); mögliche Ursachen: unangemessene Umweltreaktionen (Ablehnung, Verwöhnung, Überforderung)

mangelnde Möglichkeiten sozialen Lernens (Hospitalisierung, Isolierung)

ungenügende Definition der sozialen Identität (Status- und Rollen- bzw. Verhaltensunsicherheit)

gesellschaftliche (z. B. schulische, berufliche, geschlechtliche) Benachteiligung

die erschwerte Frage nach dem Lebenssinn

7. Pädagogische Aufgaben und Methoden

Die *allgemein-pädagogischen* Aufgaben und Methoden sind in Zusammenarbeit mit den verschiedenen Fachkräften auf die Lebenssituation und die somatischen, psychischen und sozialen Lern- und Leistungsbedingungen des einzelnen Körperbehinderten hin zu modifizieren:

Sensu-motorische Erziehung und Behandlung
— Wahrnehmungserziehung (Training des Wahrnehmens und Schulung der kognitiven Verarbeitung des Wahrgenommenen) in Zusammenarbeit mit Beschäftigungstherapie,

Krankengymnastik, Psychologie, Hör- und Sehbehinderten-Pädagogik; umfängliche Verwendung entsprechender Lernmittel
- Bewegungserziehung (Rhythmik, Sport) in Zusammenarbeit mit der Krankengymnastik (einschließlich Formen der ,,Psychomotorischen Therapie": *S. Naville, H. Hünnekens* u. *E. Kiphard*)

Erziehung zur lebenspraktischen Selbständigkeit

koordiniert mit dem Selbsthilfetraining in Krankengymnastik und Beschäftigungstherapie (s. 8)

Sozialerziehung
- Förderung der sozialen, insbesondere sprachlichen Kommunikation, in Zusammenarbeit mit der Sprachtherapie (Logopädie) und Sprachbehindertenpädagogik
- Ausweitung und Verarbeitung der sozialen Erfahrung, in Zusammenarbeit mit sozialpädagogischen Fachkräften
- Erziehung zur aktiven Bewältigung sozialer Konflikte und Definition der sozialen und personalen Identität, in Zusammenarbeit mit der Psychologie: Übung angemessener Reaktionen auf Verhaltensweisen der Umgebung gegenüber dem Behinderten

- Diagnose, Prognose und Therapie zusätzlicher Schädigungen (s. 2, bes. 2a)): Hals-Nasen-Ohren-Heilkunde, Augenheilkunde, Innere Medizin, Neurologie, Psychiatrie u. a.
- Beratung der Eltern und Erzieher
- Mitbegutachtung bei rehabilitationsorganisatorischen und rehabilitationsrechtlichen Maßnahmen (z. B. Sonderschuleinweisung, Beantragung von Sozial- und Versicherungsleistungen)

Krankengymnastik (KG) und Beschäftigungstherapie (BT)
- Frühbehandlung bei angeborenen Schädigungen, bes. bei zerebralen Bewegungsstörungen (s. 2a); neurophysiologische Entwicklungsbehandlung z. B. nach B. u. K. *Bobath* oder V. *Vojta*)
- funktionsorientierte (KG) bzw. situationsorientierte (BT) Förderung der motorisch-statischen und psychomotorischen Lern- und Leistungsvoraussetzungen für Selbsthilfe, Spielentwicklung, Schule, Beruf, Freizeit — durch Bewegungsbehandlung (KG), Anbahnung und Übung entwicklungsspezifischer Tätigkeiten (BT), Hilfsmittelversorgung (z. B. Prothesen, Eß- und Schreibhilfen, Rollstuhl, Spezialmöbel, Schreibmaschine: KG u. BT) — in Zusammenarbeit mit Arzt, Eltern, Erziehern, Lehrern, Orthopädiemechanikern usw.

8. Medizinische Aufgaben

Ärztliche Aufgaben
- Vorsorgeuntersuchungen und Risikokinder-Betreuung: Gynäkologie, Pädiatrie, ,,Perinatal-Medizin"
- Diagnose, Prognose und Therapie (medikamentöse und orthopädisch-chirurgische Behandlung, Hilfsmittelversorgung, Anleitung in Krankengymnastik und Beschäftigungstherapie) der motorisch-statischen Behinderung: Pädiatrie, Neurologie, Orthopädie

9. Psychologische Aufgaben

- Entwicklungs-, Leistungs- und Persönlichkeitsdiagnostik — als Eingangs- (z. B. Einschulungs-) und Begleitdiagnostik — in Zusammenarbeit mit medizinischen und pädagogischen Fachkräften
- Situations- und Problemanalysen in Erziehung, Unterricht, Behandlung — Beratung der Eltern, Pädagogen, Therapeuten

- psychologische Behandlung (Psychotherapie) Körperbehinderter und ihrer Eltern
- Lebens-, Berufs-, Eheberatung jugendlicher und erwachsener Körperbehinderter

10. Soziale Situation und soziale Aufgaben

Gesellschaftliche Situation
- viele Vorurteile;
  nicht nur durch vermehrte, sondern vor allem durch verbesserte Information der gesamten Öffentlichkeit (Massenmedien) und wichtiger Zielgruppen (Pädagogen, Ärzte, Politiker, Verwaltungsbeamte) abzubauen
- wechselseitige Verhaltensunsicherheit, vor allem in der Erstbegegnung zwischen Behinderten und Nichtbehinderten, daher häufig unsachlich-affektive Einstellung (Ablehnung oder Sentimalität);
  partnerschaftliche Toleranz nur in regelmäßigem, direktem Umgang lernbar, der politisch ermöglicht und pädagogisch gestaltet werden muß
- gesellschaftliche Benachteiligung (mangelnde „Chancengleichheit");
  Schaffung besserer Bildungs- und Ausbildungsmöglichkeiten und vermehrte Berücksichtigung der Bedürfnisse Körperbehinderter z. B. im Bau- und Verkehrswesen notwendig
- rechtliche Stellung im allgemeinen zufriedenstellend;
  individuelle Rechtsberatung des Körperbehinderten bzw. seiner Eltern dringend erforderlich (Vermeidung der „Bittsteller-Haltung")

Familiäre Situation
- Sonderstellung des körperbehinderten Kindes in der Familie, daher häufig erzieherisches Fehlverhalten; Erziehungsberatung
- Sonderstellung der Familie in der Gesellschaft, daher häufig Isolierung; Hilfe durch Elternvereine

- oft physische Überforderung der Eltern;
  Hilfeleistungen bei Betreuung und Pflege, zeitweilige Entlastung, Erholungsmöglichkeiten (mit und ohne Kind)
- oft psychische Überforderung der Eltern;
  Elternberatung, Einzel- und Gruppen-Psychotherapie

11. Erziehungseinrichtungen

Charakterisiert durch interdisziplinäre Kooperation pädagogischer, medizinischer, psychologischer und technischer Fachkräfte
Offenheit zur Umwelt muß durch Standortwahl und äußere Organisation ermöglicht werden (z. B. Schule für Körperbehinderte als Bereich eines Bildungszentrums für Behinderte und Nichtbehinderte). Die Größe muß einerseits innere Differenzierung und rationelle Planung, andererseits mitmenschliche Begegnung in einem strukturierbaren Lebensraum ermöglichen (z. B. regionale Mittelpunktschule für Körperbehinderte: 150—250 Schüler)
- Sonderpädagogische Beratungsstellen zur Förderung und Erziehungsberatung im Frühbereich sowie ambulante bzw. mobile Begleitmaßnahmen in allen Bereichen und in allen Phasen für Eltern, Lehrer, Therapeuten und Beeinträchtigte selbst, sofern die Beeinträchtigung nicht den dauernden Besuch einer Einrichtung, jedoch Beratung und Anleitung in pädagogischer oder psychologischer Hinsicht erforderlich macht
- Kurse für Haltungsschäden (Sonderturnen, Schulsonderturnen)
- Sonderpädagogische Kindergärten, Sonderschulkindergärten und Tagesstätten für Körperbehinderte
- Schule für Körperbehinderte (Sonderschule)
  soll alle begabungsspezifischen Formen

der Gliederung und des Abschlusses
ermöglichen, daher Mindestgröße
erforderlich — regionale Mittelpunkt-
schulen (Tagesheim-, Wochenheim-
schule) und überregionale Schulen
mit speziellen Zielsetzungen (z. B.
weiterführende Bildung Schwerstbehin-
derter; Heimschule)
— Berufs- und Berufsfachschule für
Körperbehinderte
— Berufsbildungs- und Berufsförderungswerke
— Werkstatt für Körperbehinderte
— Freizeiteinrichtungen (z. B. Jugend-
clubs, Ferienfreizeiten, Versehrten-
sport)
In den Einrichtungen sind besondere
Installationen (Fahrstühle, treppenfreie
Wege, Schwimmbad usw.) und Ausstattungen (besonderes Gestühl, Schreib-
maschinen usw.) für die pädagogischen
und therapeutischen Zwecke erforderlich

12. Verbände, Beratungsstellen

— Bundesverband für spastisch Ge-
lähmte und andere Körperbehinderte
e. V.
4 Düsseldorf, Kirchfeldstraße 149
(zahlreiche angeschlossene regionale
Vereine)
— Bundesverband der Eltern körper-
geschädigter Kinder e. V.
(Contergankinder-Hilfswerk)
5 Köln 21, Deutzer Freiheit 68
— Arbeitsgemeinschaft Spina bifida und
Hydrocephalus e. V.
575 Menden, Kaiserstraße 4
— Verband zur Bekämpfung der Muskel-
krankheiten e. V.
78 Freiburg/B., Basler Landstraße 3
— Deutsche Hämophilie-Gesellschaft zur
Bekämpfung von Blutungskrankhei-
ten e. V.
8 München 60, Rathausgasse 7
— Forschungsgemeinschaft „Das körperbehinderte Kind" e. V.
5 Köln 41, Belvederestraße 149

Beratungsstellen an Gesundheits-, Sozial-
und Jugendämtern sowie an Einrichtungen für Körperbehinderte

13. Literaturhinweise

Bläsig, W.: Die Rehabilitation der Körperbehinderten. München/Basel 1967
(Reinhardt-Verlag)

Bläsig, W., G. W. Jansen, M. H. Schmidt
(Hrsg.): Die Körperbehindertenschule.
Eine Darlegung der gegenwärtigen
didaktischen und methodischen Konzeption. Berlin 1972 (Marhold-Verlag)

Jansen, G. W.: Die Einstellung der Gesell-
schaft zu Körperbehinderten.
Neuburgweier/Karlsruhe 1972
(Schindele-Verlag)

Matzen, P. F. (Hrsg.): Lehrbuch der
Orthopädie. 2 Bände. 2. Aufl. Berlin
(Ost) 1967 (VEB Verlag Volk und
Gesundheit)

Schmidt, M.: Kinder mit zerebralen
Bewegungsstörungen in ihrem intelli-
genten Verhalten. Berlin 1972
(Marhold-Verlag)

Schönberger, F.: Die sogenannten Conter-
gankinder. München 1971 (Kösel-
Verlag)

Schönberger, F.: Körperbehinderungen.
Gutachten der Bildungskommission
des Deutschen Bildungsrates. Bd. Sonderpäd. 4. Stuttgart 1974 (Klett)

Wolfgart, H., E. Begemann (Hrsg.): Das
körperbehinderte Kind im Erziehungsfeld der Schule. Eine organisatorische,
anthropologische und didaktisch-
methodische Wegweisung. Berlin 1971
(Marhold-Verlag)

5. Lernbehinderten- und Lerngestörtenpädagogik

Von Gustav O. Kanter

1. Begriff

— Lernbehindertenpädagogik ist die Theorie und Praxis der Erziehung lernbehinderter Personen. Sie gehört zum Bereich der Sonderpädagogik und ist eine Teildisziplin der Pädagogik bzw. Erziehungswissenschaft. Die besondere Fragestellung der Lernbehindertenpädagogik einschließlich der didaktischen und methodischen Erfordernisse ergibt sich aus dem speziellen Personenkreis, auf den ihre Bemühungen zielen

— Als lernbehindert i. e. S. werden Personen bezeichnet, die *schwerwiegend, umfänglich und langdauernd* in ihrem Lernen beeinträchtigt sind und dadurch deutlich normabweichende Leistungs- und Verhaltensformen aufweisen

— Neben Lernbehinderung i. e. S. als der schwereren Form von Lernbeeinträchtigung besteht ein breiter Bereich von weniger gravierenden Formen, oft *Lernstörungen* genannt. Hier handelt es sich um Beeinträchtigungen partieller, temporärer oder reaktiver Art. Die Übergänge zwischen den Formen der Lernbeeinträchtigung sind fließend. Vor allem können durch ungünstige Wechselwirkungen leichtere Formen im Laufe der Zeit kumulativ in schwerere übergehen, wenn eine sonderpädagogische Gegensteuerung fehlt oder die negativen Umweltwirkungen nicht gemindert werden

— verwandte, jedoch nicht voll deckungsgleiche Begriffe: Minderbegabte, Schwachbegabte, Debile, Educable Mentally Retarded (EMR), Educable Subnormal (ESN), Backward Children, Slow Learners, Retarded Children

2. Erscheinungsbild

Kinder und Jugendliche sind in der Regel dann als lernbehindert anzusprechen,
   a) wenn sie, bezogen auf die Altersnorm, einen psychischen Entwicklungs- und schulischen Leistungsrückstand von mehr als 2—3 Jahren aufweisen,
   b) in einem validen Intelligenzmeßverfahren einen Gesamt-IQ von etwa 75 nicht wesentlich überschreiten (untere Grenze zur geistigen Behinderung etwa 55) und
   c) ein retardiertes Sozialverhalten zeigen.
Schwerwiegende, umfängliche und andauernde Lern- und Leistungsrückstände im Sinne der Lernbehinderung können auch durch eine Ausweitung (Generalisierung) und Verfestigung von Lernstörungen entstehen

Abgrenzungen
— geistige Behinderung, primäre Sinnes-, Körper- und Sprachbehinderung, Verhaltensstörung (Verhaltensbehinderung, Schwererziehbarkeit), Folgezustände umschriebener Krankheiten (Anfallsleiden, Psychosen u. ä.)
— Die heutige Lernbehindertenschule (Sonderschule) wird in der Regel nicht nur von Lernbehinderten i. e. S. besucht. Es lassen sich drei Hauptgruppen von Schülern unterscheiden:
   a) Lernbehinderte i. e. S. mit deutlichen Intelligenzausfällen (IQ 55—75), erheblichem allgemeinem Schulleistungsversagen und retardiertem Sozialverhalten
   b) Schüler mit Lernstörungen (Lernschwächen und Lernirregularitäten). Kennzeichen: strukturelle Uneinheitlichkeit des Lern- und Leistungsverhaltens, partielles und temporäres Versagen, vorzeitige Ermüdung, geringe Belastbarkeit u. ä. bei einem Gesamt-IQ von meist über 85/80
   c) Schüler mit (primären) Verhaltensauffälligkeiten etwa auf Grund von Milieuschädigungen. Sie wer-

den zu Schulversagern, ohne daß umfängliche Intelligenzmängel vorliegen.

3. Ursachen

— **Organische Bedingungen**

a) *Erbfaktoren* (endogene Faktoren)
mangelnde Erbanlagen der Eltern
sekundär durch ererbte Stoffwechselstörungen entstandene Schädigungen
Grenzfälle normaler Intelligenzstreuung — „Minusvarianten"

b) *Erworbene Schädigungen*
(exogene Faktoren)
Schädigungen im Mutterleib
(z. B. durch Rötelerkrankung der Mutter)
Geburtsschäden (z. B. Sauerstoffmangel)
Frühkindliche Gehirnerkrankungen
(z. B. Gehirn- und Hirnhautentzündung)
Verletzungen des Gehirns
(z. B. Unfälle)

— **Umweltbedingungen**

a) *Individuelle psycho-soziale Beeinträchtigungen*
Störungen der frühen Mutter-Kind-Beziehung
Mangel an Zuwendung, emotionaler Wärme und Verständnis im Kleinkindalter
Gestörte oder unvollständige Familien
übergroße Geschwisterzahlen bei geringer Intaktheit der Gesamtfamilie
seelische Traumen
mangelnde oder fehlerhafte Erziehung
Schulversäumnisse
Methodische Fehler
Entwicklungskrisen

b) *Sozialisationsmängel*
geringe geistige Anregung

unzulängliches Sprachmilieu
geringe Leistungsmotivation
stark lenkende und einengende Erziehungspraktiken
geringe Erwartungshaltung der Eltern
negative Einstellungen der Umwelt

Sozio-kulturelle Benachteiligung durch das Zusammenwirken verschiedener Faktoren der vorgenannten Gruppe

Interaktions- und Kumulationsformen durch das Zusammenwirken von organischen und Umweltfaktoren (bio-soziale Interaktion und Kumulation)

Die überwiegende Zahl der Lernbehinderungen entsteht nicht durch einen einzigen Faktor, sondern durch das Zusammenwirken mehrerer Bedingungen. So sind bei vielen Lernbehinderten soziokulturelle Belastungsmomente wie auch häufig „Mehrfachbehinderungen" festzustellen

4. Häufigkeit

(bezogen auf Geburtsjahrgänge im schulpflichtigen Alter)
— Weniger gravierende Formen der Lernbeeinträchtigung (Lernstörungen), für die zeitweilige Fördermaßnahmen im Bereich der allgemeinen Schulen erforderlich sind, ca. 10—12%
— Lernbehinderte i. e. S. mit gravierenden Intelligenzleistungsrückständen (IQ 55—75) ca. 2—3%
Lernbehinderte mit wenig verminderter Intelligenz aber generalisierten Lernstörungen ca. 3—4%
zusammen = ca. 5—7%
Sonderschulbedürftige Lernbehinderte nach amtlichen Angaben (Kultusministerkonferenz)
— Soll 4%
1970 tatsächlich in Schulen oder Klassen für Lernbehinderte aufgenommene Kinder und Jugendliche (von 8 289 174 Vollzeit-Schulpflichtigen) 264 882
— Ist = 3,1%

Anteil der lernbehinderten Sonderschüler an der Zahl der Sonderschüler
in der BRD überhaupt (1970)
über 83%

5. Verhaltensmerkmale

a) **Lernstörungen**
   - partielle Ausfälle (z. B. auffälliges
     Versagen in bestimmten Lern-
     bereichen)
   - allgemeine Leistungsschwächen
     weniger gravierender oder zeit-
     weiliger Art (z. B. vorzeitiges
     Ermüden, häufiges „Abschalten",
     Erschöpfungszustände)
   - Konzentrationsschwäche
   - mangelnde Motiviertheit, vermin-
     dertes Anspruchsniveau
   - abweichendes Sozialverhalten
   - unzulängliche Selbststeuerung
   - unzulänglicher Realitätsbezug
   - schlechter Umweltkontakt
   - Ich-Schwäche (z. B. geringes
     Selbstvertrauen, Mangel an Akti-
     vität, geringe Frustrationstoleranz)

b) **Lernbehinderungen**
   - grundsätzlich erziehungs- und bil-
     dungsfähig bis zur vollen Lebens-
     tüchtigkeit (gesellschaftlich, beruf-
     lich, persönlich)
   - grundsätzlich dieselben psychischen
     Abläufe sowie Lern- und Lernauf-
     bauprozesse wie bei nicht behin-
     derten Kindern und Jugendlichen,
     jedoch
     in zeitlich gedehnter,
     nach Umfang reduzierter,
     qualitativ modifizierter und
     strukturell veränderter Ausfor-
     mung
   - Wahrnehmungsleistungen einge-
     schränkt, weniger differenziert
     und gegliedert
   - Vorstellungstätigkeit vermindert,
     weniger klar, strukturell verein-
     facht

- Zuwendung, Aufmerksamkeit,
  Konzentration vor allem in komplexen Situationen und bei
  abstrakten Inhalten vermindert
  sowie nach Zeit und Intensität
  wechselnd
- Gedächtnisleistungen zwar sowohl
  für kurzzeitige Eindrücke als auch
  für das langfristige Behalten leicht
  vermindert, aber im Sinne der
  Lebenstüchtigkeit voll funktions-
  fähig
- kognitive Verarbeitungsprozesse
  (Abstrahieren, Begriffsbildung,
  Urteilsbildung, produktives wie
  reproduktives Denken, Transfer,
  Gestaltung) besonders erschwert,
  in der Beweglichkeit eingeschränkt
  und im Ablauf erheblich verzögert
- Gefühls- und Affektabläufe oft
  instabil und weniger differenziert
- Eigensteuerung und Selbstkontrolle
  weniger ausgeprägt, stärker bedürf-
  nisbestimmt, mehr passives Sich-
  treiben-lassen als aktive Bewältigung, erhöhte Suggestibilität,
  Umweltverhaftetheit, unkritisches
  Verhalten
- Interessen- und Wertbereiche begrenzt
- Sprache in ihrer Entwicklung verzögert, reduzierter und veränder-
  ter Wortschatz, artikulatorische
  und grammatikalische Mängel,
  semantische Abweichungen, erhöh-
  ter Anteil an Sprachfehlern, verstärkter Dialektgebrauch, milieu-
  spezifische sprachliche Besonderheiten, die zu „Sprachbarrieren"
  führen
- motorisch zwar allgemein gewisse
  Minderleistungen (Tempo, Präzi-
  sion, Koordination, Kraft, Elasti-
  zität) jedoch relativ bessere Leistungsfähigkeit als bei verbal-
  theoretischen Anforderungen
- Sozialverhalten: verzögerte soziale
  Reife, verminderte Kooperation,
  erhöhte Neigung zu Regressivität
  wie Agressivität, vermehrte Ge-
  hemmtheit wie auch Hemmungs-
  losigkeit, geringere Distanziertheit,
  Schwierigkeiten bei der Bewälti-

gung sozialer Situationen, Schwierigkeiten in der Rollenübernahme und -bewältigung
In allen Bereichen sind die genannten Unzulänglichkeiten vielfach anzutreffen, jedoch bestehen z. T. erhebliche Verbesserungsmöglichkeiten bei entsprechender sonderpädagogischer Einwirkung und durch geeignete Trainingsverfahren. Gleichfalls lassen sich die Entstehung und Ausweitung der Mangelzustände z. T. vorbeugend verhüten

6. Besondere Aufgaben und Einrichtungen

Gesellschaftliche Aufgaben:

— Verhütung von ökonomischer, sozialer und kultureller Deklassierung bestimmter Bevölkerungsgruppen
— Öffentlichkeitsarbeit zur Verminderung von Vorurteilsbildungen gegenüber sozial Schwachen und Behinderten
— hinreichende Gewichtung von Sozial- und Bildungsaufgaben in den Haushalten von Bund und Ländern

Pädagogische Aufgaben
im Vorschulalter
— umfängliche Frühförderungsprogramme insbesondere in sozialen Brennpunkten
— Fördermaßnahmen in Kindergärten und Vorschulen bei Lernstörungen und sich anbahnenden Lernbehinderungen

im Schulalter
— differenziertes und umfängliches Angebot von Fördermaßnahmen in den allgemeinen Schulen bei vorliegenden Lernstörungen bzw. zur Verhütung von Lernbehinderungen (Förderstunden, Förderkurse usw.):
Unterstützung bei vorliegenden Unsicherheiten (z. B. stark schwankenden Leistungen),
Korrektur bei vorliegenden Fehlern (z. B. Lese-Rechtschreibversagen),

Ergänzung bei vorliegenden Lücken (z. B. im Aufbau der Mengen- und Zahlvorstellungen)
— Erziehung, Förderung und Betreuung im Rahmen von Sonderschulen oder -klassen bei vorhandenen Lernbehinderungen:
Erziehung zur Lebensbewältigung trotz vorhandener Schädigungen, kompensatorische Erziehung bei Ausfällen,
Förderung der „Restkräfte" und Anregung „verschütteter Fähigkeiten", Vermittlung eines Mindestbestandes an Kenntnissen und Fertigkeiten im Sinne des Lebensnotwendigen,
Vorgehen nach einem differenzierten und gestuften Curriculum (Lehrplan, Lehrinhalte, Lehrmittel, Lernkontrolle) entsprechend dem unterschiedlichen Schülerkreis der Lernbehindertenschule,
Verwendung von differenzierten didaktischen Materialien (Lehr- und Lernmittel) insbesondere auch zur Anregung der Selbsttätigkeit, korrigierende Erziehung bei bereits eingetretenen sekundären Verhaltens-, Sprach-, Motivations- und anderen Störungen,
Entwicklung der Soziabilität (z. B. durch Verhaltenstraining),
Unterstützung und Förderung der personalen Entfaltung (Erziehung zur Selbständigkeit, Selbstverantwortung, Wertverwirklichung, zu weitmöglicher Kritikfähigkeit)

im Berufsbildungsalter
— Aufbau und Ausbau berufspädagogischer Maßnahmen für Behinderte: vorbereitende und hinführende Maßnahmen im Sekundarbereich I (z. B. Arbeitslehre),
Berufsgrundbildungsjahr(e),
Berufsbildungswerke im Falle besonderer Schwierigkeiten
— Maßnahmen nachgehender sonderpädagogischer Hilfe

Ergänzende Maßnahmen:
— Aufgaben des öffentlichen und privaten Gesundheitswesens aufklären-

der, vorbeugender und verhütender
Art:
Elternberatung,
regelmäßige Schwangerschaftsunter-
suchungen,
regelmäßige Vorbeugungs- und Kon-
trolluntersuchungen im Kleinkindalter,
ärztliche Beratung und Betreuung in
Risikofällen,
ärztliche Beratung und Betreuung
besonders bei Frühschädigungen
(z. B. minimale frühkindliche Hirn-
schädigungen)
— ärztlich-psychologische Diagnose,
Beratung und Therapie bei speziellen
Lernstörungen (z. B. neurogener Art)
— psychologisch-pädagogische Beratung
und Behandlung in Fällen von Lern-
und Verhaltensschwierigkeiten

7. Die Schule für Lernbehin-
derte (Sonderschule)

— **Aufnahmekriterien**
a) keine oder unzureichende Möglichkeit der Förderung in der
Normalschule (vorhandenes oder
zu erwartendes schwerwiegendes,
umfängliches und andauerndes
Schulversagen)
b) zu erwartende Möglichkeit, die
Ziele der Lernbehindertenschule
zu erreichen (grundlegende Kenntnisse und Fertigkeiten einschließlich der Kulturtechniken, grundsätzliche soziale und berufliche
Selbständigkeit und Selbstbestim-
mung)

— **Aufnahmeverfahren**
a) Meldung durch die Schule oder
durch die Erziehungsberechtigten
b) Pädagogisch-psychologische Überprüfung durch die Sonderschule
c) (Schul-) Ärztlicher Untersuchungs-
befund
d) Entscheidung durch die Schul-
behörde

— **Besuchsdauer**
1.— 9. Schulbesuchsjahr
(6.—14. Lebensjahr)
Bei Überweisung von allgemeiner
Schule nach 1. oder 2. Schuljahr:
2. bzw. 3.—9. Schulbesuchsjahr
Verlängerungsmöglichkeit der Schulbesuchszeit um ein Jahr (freiw.
10. Schuljahr)

— **Gliederung**
Klassenstufen

1　2　3　　4　5　6　　7　8　9　(10)

Unter-　　　Mittel-　　Oberstufe

Sondergrund–　　Sonderhauptschule

(nach Bundesländern verschieden)

— **Lernziele und -inhalte**
planmäßiges Training zur Verbesserung der Lernfunktionen,
ausgewogene Verbindung unterricht-
licher und erzieherischer Maßnahmen,
Vermittlung notwendigen Wissens
und Könnens zur Lebensbewältigung
in unserer Zeit,
Entwicklung von sozialkooperativen
und zweckdienlichen Verhaltensweisen,
Entfaltung der personalen Kräfte,
auf der Unterstufe
Erlangung von Schulreife, -interesse
und -bereitschaft,
Stärkung des Selbstvertrauens, Entwicklung altersangemessener Motiviertheit und Lernbereitschaft,
Anregung kooperativen Verhaltens
(Lernfähigkeit in der Gruppe),
Entwicklung und Training basaler Er-
kenntnis- und Handlungsformen,
Beginn des Lese- und Schreibunter-
richts,
Ausweitung von Sach- und Umwelt-
kenntnis,
Freisetzen von Spontankräften und
schöpferischer Aktivität,

auf der Mittelstufe
Systematischer Erwerb elementarer
Sachkenntnisse,
Erwerb u. Sicherung grundlegender

Lese- und Schreibfertigkeiten,
Entwicklung grundlegender mathematischer (rechnerischer) Einsichten und
Erlernen der Grundrechnungsarten,
Anregung und Schulung gestaltenden
Tuns,
körperliche, grob- und feinmotorische
Schulung,
verstärkte Förderung und Ausbau der
Soziabilität,

auf der Oberstufe
Festigung und Ergänzung der Lerninhalte der Mittelstufe,
Lernen und Arbeiten in exemplarischen Sacheinheiten,
politische und gesellschaftliche Bildung,
Hinführung zur Arbeits- und Wirtschaftswelt (Arbeitslehre),
gezieltes Verhaltenstraining zur Erlangung höchstmöglicher Soziabilität,
Förderung individueller Fähigkeiten
(Kurse, Arbeitsgemeinschaften),
planmäßige Anbahnung von Kritik- und Urteilsfähigkeit,
Anregung und Förderung der personalen Entfaltung, Erstarkung

Didaktische und methodische Prinzipien
Individualisierung
Differenzierung
Konkretisierung
Gruppenbezogenheit
Motivierung
Kompensation
Korrektion

8. Verbände, zentrale Beratungsstellen

— Verband Deutscher Sonderschulen
e. V., Geschäftsstelle: 7257 Ditzingen,
Im Sonnigen Winkel 2 sowie entsprechende Landes- und Orts- bzw.
Kreisverbände
— Bundesarbeitsgemeinschaft der Vereine zur Förderung d. Sonderschüler
Bremen e. V., 28 Bremen, Karl-Lerbs-Str. 17

— örtliche Erziehungsberatungsstellen
— Schulpsychologische Dienste
— Lernbehindertenschulen

9. Literaturhinweise

Bach, H.: Unterrichtslehre L. Berlin
(Marhold) [2]1973
Begemann, E.: Die Erziehung der soziokulturell benachteiligten Schüler.
Hannover (Schroedel) 1970
Beschel, E.: Der Eigencharakter der
Hilfsschule. Weinheim (Beltz) [3]1965
Bleidick, U. und *Heckel, G.:* Praktisches
Lehrbuch des Unterrichts in der
Hilfsschule. Berlin (Marhold) 1968
Deutscher Bildungsrat: Empfehlungen
der Bildungskommission: Zur pädagogischen Förderung behinderter und
von Behinderung bedrohter Kinder
und Jugendlicher. Stuttgart (Klett)
1974
Empfehlung zur Ordnung des Sonderschulwesens, beschlossen von der
Ständigen Konferenz der Kultusminister der Länder in der Bundesrepublik am 16. 3. 1972. Nienburg/Weser
(Schulze) 1972
Kanter, G.: Lernbehinderungen, Lernbehinderte, deren Erziehung und Rehabilitation. In: Deutscher Bildungsrat:
Gutachten und Studien der Bildungskommission, Bd. Sonderpäd. 3.
Stuttgart (Klett) 1974
Klauer, K.-J.: Lernbehindertenpädagogik,
Berlin (Marhold) [4]1975
Kanter, G.: Lernbehinderte. In: Deutscher Bildungsrat: Gutachten und
Studien der Bildungskommission.
Stuttgart (Klett) i. E.
Klauer, K.-J.: Lernbehindertenpädagogik.
Berlin (Marhold) [3]1970
Wegener, H.: Die Rehabilitation der
Schwachbegabten. München (Reinhardt) 1963
ders.: Die Minderbegabten und ihre
sonderpädagogische Förderung. In
Roth, H.: Begabung und Lernen.
Stuttgart (Klett) [2]1969

Zimmermann, K. W.: Psychodiagnostische
Verfahren zur Untersuchung von
Lernbehinderten

Zeitschriften:
Zeitschrift für Heilpädagogik. Nien-
burg/W. (Schulze)
Sonderpädagogik. Berlin (Marhold)
Lernbehinderte Kinder. Mülheim/
Ruhr (Rehabilitationsverlag)

6. Schwerhörigenpädagogik

Von Heribert Jussen

1. Begriff

- Unter Schwerhörigenpädagogik wird das Gesamt aller erzieherischen Maßnahmen verstanden, die das Entstehen von Lern-, Leistungs- oder sozialen Verhaltensstörungen bei Schwerhörigen verhüten oder beseitigen und ihre gesellschaftliche wie berufliche Eingliederung ermöglichen sollen
- Als schwerhörig gelten hierbei die Personen, die infolge eines vorübergehenden oder andauernden Defektes des Gehörs eine verminderte Hörfähigkeit besitzen, aber noch imstande sind, akustische Signale und Sprache — eventuell mit Hilfe von Hörgeräten — über das Ohr wahrzunehmen, und die infolge ihrer hörbedingten Sprachschädigung in ihrer psycho-sozialen Entwicklung derart beeinträchtigt sind, daß sie besonderer pädagogischer Maßnahmen bedürfen
- **Parallelbegriffe**
  Hörbehinderung — Hörbehindertenpädagogik
  Hörschädigung — Hörgeschädigtenpädagogik
  Hör-Sprachbehinderung —
  Hör-Sprachbehindertenpädagogik
  Hörstörung
  Hörrestigkeit
  Hörauffälligkeit

- **Abgrenzungen**

  Hörauffälligkeit
  Mittlerer Hörverlust im Frequenzbereich 500—2000 Hz nicht mehr als 40 dB; leichteste Beeinträchtigungen der Sprachentwicklung; keine typischen Veränderungen im psychodynamischen Verhalten und keine relevanten Folgebehinderungen

  pre-linguale Taubheit
  Hörverlust von mehr als 90 dB im Frequenzbereich oberhalb 500 Hz; kein Spracherwerb auf natürliche Weise

  Ertaubtheit
  Hörverlust von mehr als 90 dB im Frequenzbereich oberhalb 500 Hz; natürliche Entwicklung der Sprache bis zum Zeitpunkt der Ertaubung, dann zunehmend Verfall vor allem der gesprochenen Sprache

  Sprachbehinderung
  Normale Hörfähigkeit

  Lernbehinderung, Geistige Behinderung
  Eventuell sensorielle Beeinträchtigungen, jedoch keine Schwierigkeiten bei Aufnahme, Verarbeitung und Wiedergabe von Sprache vor allem wegen eingeschränkter Intelligenz

2. Erscheinungsbild

- Kein durchgängig einheitliches Erscheinungsbild
- Im Einzelfall wird das Erscheinungsbild bestimmt durch:
- **Art und Ausmaß der Hörschädigung**
  Quantitativ wie qualitativ unterschiedliche Leistungsminderung in der auditiven Wahrnehmung akustischer Reize je nachdem, ob die Funktion des Außen- und Mittelohres (Schalleitung) oder des Innenohres, der Reizzuleitungsbahnen bzw. des Gehirns (Schallwahrnehmung) oder beide Funktionen betroffen sind
- **Zeitpunkt des ersten Wirksamwerdens der Hörschädigung**
  Lern- und Leistungsbehinderungen, abhängig von Schwere und frühzeitigem Eintritt des Hörschadens
- **Mehrfachbeeinträchtigungen**
  Verstärkung der Gesamtbehinderung; hierbei zunehmende Tendenz zu abweichendem kommunikativen Verhalten,
  zu verzögerter kognitiver Entwicklung,
  zu verringerter Lern- und Leistungsmotivation,

zu fehlerhafter Selbsteinschätzung,
zu sozialem Außenseitertum

- **Sozio-kulturelle und berufliche
Bedingungen**
Syndrom der Schwerhörigkeit letztlich bestimmt durch Erwartungshaltung und Einstellung der Gesellschaft zum Behinderten und seine
Leistung im Beruf

- **Gruppenspezifische Kennzeichen**

- **Schalleitungsschwerhörige**
Vorwiegend Einbußen in der auditiven Wahrnehmung quantitativer
Signalqualitäten, herabgesetzte Hör-
weite

- **Schallwahrnehmungsschwerhörige**
Qualitative Veränderungen der Klang-
qualitäten, nicht selten verbunden
mit einer Minderung der akustischen
Unterscheidungsfähigkeit (Diskrimi-
nationsverlust)

- **Altersschwerhörige**
Auffälliges Nachlassen der Hörschärfe
nach dem 3. bzw. 4. Lebensjahrzehnt,
wobei obere Hörgrenze stetig absinkt

- **Lärmschwerhörige**
Allmählich zunehmender Hörverlust
in den Frequenzbereichen oberhalb
4000 Hz infolge einer vollständigen
oder teilweisen Zerstörung der sensorischen Zellen, hervorgerufen durch
momentanen oder andauernden
Schalldruck

Allgemeine Kennzeichen
- Einengung bzw. Verarmung des auditiven Wahrnehmungsfeldes
- Retardierung der Sprachentwicklung
mit Beeinträchtigungen der Sprachauffassung, des Sprachverständnisses
und der Sprachgabe
- Verzögerung der sprachlich-kognitiven
Entwicklung
- Störungen im Bereich der Psycho-
Dynamik mit hohem Vorkommen
von sozialem Fehlverhalten
- allgemeine Lern- und Leistungsschwächen

Häufige zusätzliche Behinderungen:
- Körperbehinderungen

- neurologische Störungen
- (intellektuell bedingte) Lernbehinderungen
- Sehbehinderungen
- starke Verhaltensstörungen

3. Ursachen

- *ererbte*
Degeneration und Veränderungen des
Hörorgans (Mikrotie, Gehörgangs-
atresie, Degeneration des Cortischen
Organs oder der Hörnerven) sowie
konstitutionell bedingte Empfindlich-
keit für Entzündungen und Funktions-
schwächen des Ohres

- *erworbene*
Erkrankungen der Mutter während
der Schwangerschaft (Röteln, Masern,
Virusinfektion)
endemische Schwerhörigkeit als Folge
einer Stoffwechselstörung
Geburtstrauma (Sauerstoffmangel,
Zangengeburt)
Impfschäden, Medikamentenmiß-
brauch
Erkrankungen des Behinderten
(Meningitis)
Unfallfolgen
Lärmschäden

- *kombinierte*
Kombination von ererbten und
erworbenen Ursachen

4. Häufigkeit

- Hörbeeinträchtigungen bei 4—6%
aller Kinder und Jugendlichen
- Mehrfachbeeinträchtigungen bei
20—25% der hörbeeinträchtigten
Kinder;
mehrfachbeeinträchtigt sind 32%
Schalleitungs- und 44% Schallwahr-
nehmungsgestörte

— Sonderschulbedürftig sind 0,25% der
  schwerhörigen Kinder im schulpflichtigen Alter

5. Lernverhalten

differentes Lernverhalten, abhängig von
Entstehungszeitpunkt, Art und Grad der
Hörschädigung, Sprachbesitz und -fertig-
keit, allgemeiner intellektueller Leistungsfähigkeit, Mehrfachschäden, Erziehungs-
einflüssen:
— verringerte psychische Belastbarkeit
  (gesteigerte Ermüdbarkeit, erhöhte
  Stimmungslabilität, erschwerte emotionale Verarbeitungs- und Steue-
  rungsfähigkeit)
— Interesseneinengung infolge der Verarmung des auditiven Wahrnehmungsfeldes
— verzögerte sprachlich-geistige Entwicklung (Begriffsarmut, vornehm-
  lich bei schwerhörigen Schülern mit
  stärkerer Sprachretardierung)
— Lernschwierigkeiten, die auf sprach-
  bedingtem Erfahrungsdefizit beruhen
  (geringere geistige Beweglichkeit und
  Selbständigkeit)
— intellektuelle Retardierung bzw.
  Minderleistung vorwiegend bei hochgradig und mehrfachbehinderten
  Schwerhörigen (Schwierigkeiten beim
  Erfassen von Beziehungen, Verlang-
  samung der Denkabläufe, Verringerung des Lerntempos)

6. Sprachverhalten

differentes Sprachverhalten bei mittel-
und hochgradig Schwerhörigen
— Schwierigkeiten bei der auditiven
  Sprachauffassung (Falsch-, Fehl- und
  Verhören beim Sprachverstehen)
— Schwierigkeiten bei der Sinnerfassung
  (verringertes Sprachverständnis, vor
  allem bei hochgradig schwerhörigen
  Schülern)

— Beeinträchtigung der formalen
  Sprachaufbaumittel (retardierter
  Wortschatz, lückenhafter Aufbau der
  syntaktisch-flexivischen Formmittel)
— Minderleistungen bei der Aussprache
  (Artikulation, Sprechmelodie und
  -rhythmus)
— Geminderte Ausdrucks- und Darstel-
  lungsfähigkeit bei der Sprachverwendung (Geringer Gebrauch von Adjek-
  tiven, Präpositionen, Konjunktionen;
  vorwiegend einfache, unvollständige
  Sätze; Flexionsarmut)

7. Sozialverhalten

— auffälliges Sozialverhalten (retentives
  wie aggressives) möglich als Auswir-
  kung von permanenter Überforderung im Leistungsverhalten mehrfach
  behinderter Schwerhöriger oder
  infolge fehlgeleiteter Erziehung
  (Überbesorgtheit, Verwöhnung,
  Härte — Vernachlässigung, Inkonsequenz — Fehleinschulung)
— geringere soziale Interaktionen (Kontaktmangel) zwischen Schwerhörigen
  und Hörenden (Familie, Freunde,
  Berufskollegen) zunehmend mit
  wachsenden kommunikativen Schwierigkeiten
— abweichendes Rollenverhalten, bedingt durch verringerte sozio-kulturelle Erfahrungen infolge der vermin-
  derten Teilhabe an Sprache
— unrealistische Selbst- und Fremdein-
  schätzung des Schwerhörigen im
  Vergleich mit Hörenden
— Tendenz zu sozialem Außenseitertum
  mit zunehmender Hör-Sprachschädi-
  gung
— häufig fehlende Schulreife als Folge
  einer mangelnden Sozialreife

8. Motorisches Verhalten

kein signifikant behinderungsspezifisches Verhalten

9. Erziehungsaufgaben

Vermittlung realitätsbezogener, gegenwartsnaher Kenntnisse

— **Spracherziehung**
Bewußtmachen der sprachlichen Grundstrukturen im Wege eines differenzierenden ,,Ausbaus" der residuär vorhandenen Sprache

— **Kognitive Erziehung**
Förderung der Intelligenz durch Überwindung des sprachbedingten Erfahrungsmangels und der Schwierigkeiten beim Erfassen der Lebenswirklichkeit

— **Sacherziehung**
Vermittlung von Sachwissen bei Berücksichtigung behinderungsrelevanter Kriterien (des erzieherisch Relevanten, des Lebensbedeutsamen, der Entwicklungs- und Behinderungsgemäßheit, der Isolierung von Lernschwierigkeiten)

Vermittlung von auf kontroliertes Handeln gerichteten Fertigkeiten

— **Emotionale Erziehung**
Abbau von psychischen Blockierungen und Aufbau einer lernmotivierten Haltung

— **Verstandeserziehung**
Förderung der kognitiven Fähigkeiten und des einsichtsvollen Verhaltens durch Übung der Beobachtungs-, Kombinations- und Gedächtnisfähigkeit

— **Wahrnehmungserziehung**
Training des Hör-, Gesichts- und Tastsinnes sowie der motorischen Funktionen

— **Sprecherziehung**
Förderung der Lautbildung wie des Sprechens (Sprechrhythmus)
Förderung des Absehens (Erkennen der Sprechbewegungsgestalten vom Munde)
Förderung der Sicherheit bei der Verwendung sprachlicher Mittel (nach Form und Inhalt) in der Spontansprache

— **Erziehung zu selbständigem Handeln**
Vermitteln von Lernmethoden

Erziehung zu gesellschaftsorientiertem Sozialverhalten

— **Sozialerziehung**
Entwicklung einer lebensbejahenden Einstellung
Abbau von psycho-sozialen Konflikthaltungen und Hemmungen
Erhaltung und Förderung der Kommunikationsbereitschaft
Beseitigung von Verhaltensformen kompensatorischer Fehlangepaßtheit
Entwicklung sozial relevanter Verhaltensmuster

— **Arbeitserziehung**
Erziehung zu einer kontrollierten Arbeitshaltung
Überwindung sozial begründeter Antriebsschwächen und Minderungen im Leistungsverhalten
Psycho-hygienische Vorsorgeerziehung

10. Besondere didaktische Maßnahmen und Methoden

schwerpunktmäßige Akzentuierung der Bildungsaufgaben:

Elementar- und Primarstufe:
neben allgemeinbildenden Aufgaben vor allem Sprachbildung (Hör-, Sprach- und Sprecherziehung)

Sekundarstufe:
Sachwissen, berufsbezogene Wissensvermittlung und Fachsprache

— „Sprachausbauendes Verfahren";
integrierte Schulung des Hörens,
Absehens und Sprechens (Hör-Seh-
Sprech-Methode); differenzierter
Ausbau der Grundstrukturen der
Sprache auf der Grundlage des individuell vorhandenen retardierten
Sprachbesitzes (Umstrukturierung
sprachlicher Mittel)
— Einsatz kommunikativer Mittler im
Unterricht (elektro-akustische Hör-
verstärker, signalphonetische Kom-
munikationshilfen — sog. „Indikato-
ren" — zur optimalen audio-visuellen
Erfassung sprachlicher Struktur-
elemente oder zur besseren Selbstkontrolle („feedback") beim Sprechen
— Einsatz automatisierter Sprachver-
mittler (Arbeitsmittel, Lehrpro-
gramme)
— Berücksichtigung besonderer Erzie-
hungs- und Lernhilfen (verstärkte
Differenzierung, Motivation, Selbsttätigkeit, Sachanknüpfung, Isolierung
der Lernschwierigkeiten, Akzentuierung des Bedeutsamen, Wiederholungen, immanente Sprachbildung)

11. Soziale Situation

— Verteilung der Schichtenzugehörigkeit der Familien mit Schwerhörigen
gemäß der Normalpopulation
— In Einstellungsuntersuchungen
Hörender gegenüber Schwerhörigen
wird Schwerhörigkeit meist nicht
als gravierende Behinderung angesehen
— Fehleinschätzung der Schwerhörigkeit erleichtert einerseits soziale
Einordnung, fördert aber andererseits Überforderungssituation für
den Behinderten
— wachsendes öffentliches Verständnis
(Presse, Fernsehen, Rundfunk,
Regierungsprogramme, Gesetze)

12. Soziale Aufgaben

— Information und Aufklärung der
Öffentlichkeit über Wesen und Aus-
wirkung der Schwerhörigkeit sowie
die Folgen negativer Einstellung der
Gesellschaft den Behinderten gegen-
über
— Beratung der Eltern (Information,
Beratung bei Schwierigkeiten in der
Erziehung, Anleitung und Schulung
für die Mitwirkung bei den speziellen
Fördermaßnahmen in der Hausfrüh-
erziehung)
— Vermittlung einer Lebenshilfe in
allen Fällen behinderungsbedingter
persönlicher, sozialer wie beruflicher
Schwierigkeiten

13. Ärztliche Aufgaben

— **Diagnostik von Hörschäden**
Präventivuntersuchungen und Kon-
trollprüfungen bei Risikokindern
(Kinder aus Familien mit Vorkommen schwerer Hörstörungen, mit
Frühgeburt, Erkrankung der Mutter
während der ersten drei Monate an
Röteln, Masern, Virusinfektion,
mit angeborenen oder vererbten
Mißbildungen und Hirnschäden
sowie Hirnerkrankungen bzw. -trau-
men) und bei Verdachtskindern
(nach Erkrankungen des Ohres oder
Schädels sowie bei Auffälligkeiten
in der Allgemeinentwicklung und
im Sprach-, Lern- und Leistungsverhalten)
Hörprüfungen im Rahmen der Ein-
schulungsuntersuchungen
— medikamentöse, apparative und
operative Behandlung von Hörschäden
hörverbessernde und sanierende
Operationen
medikamentöse Behandlung von
Hörschäden
Anpassung von Hörgeräten

- Diagnostik und Therapie zusätzlicher Schäden, die als für das Entstehen des Syndroms der Schwerhörigkeit konstitutiv angesehen werden können oder müssen
- Stellung der Prognose der Hörschädigung und beratende Mitwirkung bei der Festlegung der individuell einzuschlagenden Förder- und Erziehungsmaßnahmen in- und außerhalb der Schule

14. Erziehungseinrichtungen

- **Pädo-audiologische Untersuchungs- und Beratungsstelle an Schulen für Gehörlose und für Schwerhörige**
  (Früh)Erkennung und Beobachtung von Hörschäden
  Erkennung von Psycho-physischen Leistungsschwächen und Fehlverhalten
  Anpassung und fortlaufende Kontrolle von Hörgeräten
  Beratung der Eltern und Erzieher
  Mitwirkung bei der Festlegung der zu ergreifenden sonderpädagogischen Maßnahmen und der behinderungsgemäßen Schulart (Regelschule, Sonderklasse, Sonderschule)
  Spezielle Beratung bei der Berufsfindung

Kleinkind-Erziehung

- **Hausfrüherziehung**
  Intensivierung des Eltern-Kind-Kontaktes
  Förderung des Hörens und Absehens (Hör-Spracherziehung)

- **Wechselgruppe** (zeitweilige Aufnahme von Müttern mit schwerhörigen Kindern —stationär oder ambulant)
  Eingehende Beobachtung des schwerhörigen Kindes in der Kleingruppe
  Systematische Übungen des Hörens, Absehens und Sprechens
  Hinführung zum Leben in der Gruppe

- Sonderkindergarten (mit und ohne Heim)
  Tages-Sonderkindergarten
  Gewöhnung des schwerhörigen Kindes an die Gruppenerziehung
  Einführung in den aktiven Sprachgebrauch (Gesprächsbildung)
  Förderung der psycho-sozialen Entwicklung des retardierten Schwerhörigen

- **Sonderkindergartengruppe an einem Regelkindergarten**
  Förderung der sprachlichen, kognitiven und sozialen Entwicklung mittelgradig schwerhöriger Kinder in unmittelbarer Kontaktnahme mit normalhörenden Kindern gleichen Alters

Schulische Erziehung:

Primarbereich:
Grundschule, Sonderklasse für lernbehinderte bzw. mehrfach geschädigte Schwerhörige

Sekundarbereich:
Hauptschule,
Realschule,
teilweise mit gymnasialer Oberstufe

Sekundarbereich/Hauptschule:
Realschule, teilweise mit gymnasialer Oberstufe
Gegenwärtig 21 Schulen für Schwerhörige (einschl. West-Berlin) in der BRD, 11 in der DDR. Daneben bestehen auch Klassen für Schwerhörige an Schulen für Gehörlose und Sprachbehinderte

Entwicklung der Schule für Schwerhörige ist historisch nicht einheitlich verlaufen. Es haben sich unterschiedliche Schulmodelle herausgebildet, je nach Betonung behinderungsrelevanter oder sozialbestimmter Gesichtspunkte:

- **die eigenständige Schwerhörigenschule**
  optimale schulische Förderung des schwerhörigen Kindes dank einer umfassend entwickelten Schulorganisation, volle Berücksichtigung der behinderungsspezifischen Lernschwierigkeiten, beste apparative und sozialtherapeutische Versorgung

- **das additive Schulzentrum mit Abteilungen für Gehörlose und Schwerhörige**
  höhere ökonomische Ausnutzung aller Einrichtungen für Schüler verschiedener Behinderungsart, neutralere Betreuung jedes einzelnen Schülers

- **das „Schulkombinat" für Hörgeschädigte**
  angestrebt wird optimale Differenzierungsmöglichkeit der gemeinsam unterrichteten gehörlosen und schwerhörigen Schüler unter primärer Berücksichtigung ihres Hörgrades und Leistungsfähigkeit

- **das Schulzentrum mit gemeinsamer Beschulung für Behinderte und Nicht-Behinderte mit Wohnanlage**
  keine Isolierung der Sonderschule, sondern gemeinsame Erziehung von behinderten und nichtbehinderten Schülern und Wahrung des Prinzips der Familienerziehung

- **Außenklassen einer Schule für Schwerhörige an einer Regelschule**
  erstrebt wird schulische Förderung von Gruppen schwerhöriger Kinder in geschlossenen Klassenverbänden in einem kooperativen System mit Nichtbehinderten

- **selbständige Klassen für Kinder mit einer Hörbehinderung** (Gehörlose und Schwerhörige) an einer Regelschule (sogenannte „Units")
  Befähigung der schwerhörigen Kinder, gemeinsam mit hörenden zu leben, zu lernen und in einem normalen sozialen Milieu heranzuwachsen

- **Sonderberufsschulklasse**
  Berufsausbildung im allgemeinen in Berufsschulen für Nichtbehinderte, ohne und mit Sonderveranstaltungen für Schwerhörige (Förderunterricht oder -kurse). Unterricht in Sonderberufsschulklassen ermöglicht zumeist keine Differenzierung der Schüler nach Berufen

- **Zentralberufsschulklasse**
  Berufsausbildung in Berufsschulen für Hörgeschädigte erfolgt bisher nur gemeinsam mit gehörlosen Berufsschülern. Klassen zum Teil gegliedert nach Berufen bzw. Berufsfeldern.

  Praktische Berufsausbildung: Handwerksbetriebe, betriebliche Lehrwerkstätten, überbetriebliche Ausbildungszentren

Nachschulische Erziehung

- Umschulungskurse
- Fortbildungskurse
- Abseh- und Sprachpflegekurse
- Erwachsenenbildung
- Volkshochschule
  Durchführende sind
  Schwerhörigenvereine
  Träger der Sozialhilfe
  Schulen für Schwerhörige
  Volkshochschulen

---

15. Verbände, zentrale Beratungsstellen

- Deutsche Gesellschaft zur Förderung der Hör-Sprachgeschädigten e. V., 2 Hamburg 50, Am Rathenaupark 1
- Deutscher Schwerhörigenbund e. V., 85 Nürnberg, Uttenreuther Straße 24 (hier weitere Auskünfte und Anschriften der Landesverbände und Ortsvereinigungen erhältlich)
- Deutscher Wohlfahrtsverband für Gehör- und Sprachgeschädigte (GSW) e. V., 69 Heidelberg, Quinckestraße 72
- Beratungsstellen für Eltern hörbehinderter Kinder und Jugendlicher an den Schulen für Gehörlose und Schwerhörige
- Beratungsstellen der Gesundheits- und Jugendämter
- HNO-Kliniken

16. Literaturhinweise

Bracken, H. von; Iben, G.; Schürer, A.;
Viemann, H. P.: Über Sprachbehinderungen und Besonderheiten des
sozialen Verhaltens von hör-auffälli-
gen Schulkindern (Teil I und II).
Heilpäd. Forschung, Bd. IV/H. 1
und 2, 1972, 57 f. und 236 f. Berlin
(Marhold)

Heese, G.: Die Rehabilitation der
Schwerhörigen, München/Basel
1962 (Reinhardt)

Jussen, H.: Die Schule für Schwerhörige.
Z. Heilpäd. 1973, 432—441

Jussen, H.: Schwerhörige, deren Bildung
und Rehabilitation. Gutachten der
Bildungskommission. Bd. Sonderpäd.
2. Stuttgart 1974 (Klett)

Myklebust, H.: The Psychology of
Deafness, New York [2]1964

Stalder, C. P.: Die sprachlich-geistige
Situation des schwerhörigen Kindes,
Bern und Stuttgart 1968 (Huber)

Fachzeitschriften
hörgeschädigte kinder, Vierteljahres-
zeitschrift der Dt. Gesellschaft zur
Förderung der Hör-Sprach-Geschädig-
ten e. V., Heidelberg/Mülheim
Hörgeschädigtenpädagogik, hrsg. vom
Bund Dt. Taubstummenlehrer,
Essen/Neckargemünd
Zeitschrift für Hörgeräte-Akustik,
Erlangen/Heidelberg

Schrifttum für Schwerhörige
Schwerhörige und Spätertaubte, Monats-
schrift des Dt. Schwerhörigenbundes
e. V., Hamburg/Nürnberg

7. Sehbehindertenpädagogik

Von Světluše Solarová

1. Begriff

— Als sehbehindert gelten Personen,
die infolge
einer Schädigung des Sehorgans oder
einer Störung der Sehfunktion
auch nach bestmöglicher optischer
Korrektur ein herabgesetztes Sehvermögen haben (in der Regel zwischen 1/20 und 1/50 der Sehnorm,
die sich aus der Messung des Nah-
und Fernvisus und der Ausfälle des
Gesichtsfeldes zusammensetzt).
Wesentliche Informationen aus der
Umwelt nehmen Sehbehinderte im
Gegensatz zu Blinden vorwiegend
visuell auf.
Dieser Prozeß ist jedoch infolge des
herabgesetzten Sehvermögens unvoll-
kommen, so daß es zu Verzerrungen
in den durch diese Prozesse entstan-
denen Vorstellungen kommt. Sehbehinderte brauchen zum Vollzug
der Lernprozesse besondere optische,
didaktische und methodische Hilfen

— **Parallelbegriffe**
Sehschwache (= Sehbehinderte)
Hochgradig Sehbehinderte: Personen,
die sich in manchen lebenswichtigen
Situationen infolge ihrer Sehbehin-
derung wie Blinde verhalten, jedoch
imstande sind, bestimmte wichtige
Informationen aus der Umwelt visuell
wahrzunehmen (z.B. Informationen,
die zur Orientierung im Raum die-
nen); sie sollen deshalb auch als
Sehbehinderte gefördert werden.
Sehgeschädigte — Sammelbegriff für
Blinde und Sehbehinderte

— **Abgrenzungen**
Blinde: sie können (im Unterschied
zu Sehbehinderten) Informationen
aus der Umwelt nicht visuell aufnehmen; sie müssen die Lernprozesse
vorwiegend auf der Basis anderer
Wahrnehmungs- und Speicherungs-
systeme vollziehen. Sie besitzen kein
Sehvermögen, oder ihr Sehvermögen
ist so stark beeinträchtigt, daß sie
sich dessen nicht in wichtigen

Lebenssituationen bedienen können
(in der Regel unter 1/50 der Sehnorm).
Sehrestige: Personen, die über ein so
geringes Sehvermögen verfügen, daß
sie es nur als Stütze beim Aufnehmen
von Informationen aus der Umwelt
benützen können. Im übrigen verhalten
sie sich wie Blinde und müssen vorwiegend als Blinde, in gewissen Funktionen jedoch als Sehbehinderte gefördert werden

2. Erscheinungsbild

— herabgesetztes Sehvermögen, das sich
aus vermindertem Nahvisus oder
Fernvisus oder Einschränkung des
Gesichtsfeldes zusammensetzt
— eingeschränkte Fähigkeit, Vorstellungen aufgrund von Sehwahrneh-
mungen zu bilden
— für Lernprozesse, die gewöhnlich
über visuell aufgenommene Informationen erfolgen, bedürfen Sehbehinderte als Unterstützung und Präzi-
sionshilfe Informationen anderer
Wahrnehmungssysteme
— Beeinträchtigung der gesamten
Motorik (insbesondere da, wo die
motorischen Abläufe der Sehkon-
trolle zur Koordinierung bedürfen)
— in der Sprachentwicklung meist
unauffällig; die schriftsprachlichen
Leistungen sind jedoch sehr oft
erheblich beeinträchtigt
— gelegentlich auffälliges soziales Verhalten (z.B. Isolierungstendenzen,
Unruhe, aggressives Verhalten, Min-
derwertigkeitsgefühle u.ä.)

3. Ursachen

— *erbliche*
familiär auftretende degenerative
Prozesse (z.B. progressive Myopie,
Amblyopie)

Albinismus — verbunden mit Tag-
blindheit, Nystagmus und Farb-
blindheit

— *erworbene*
ohne näher feststellbare Ursache auftretende Refraktionsfehler (Myopie,
Hyperopie, Astigmatismus)
durch ein bestimmtes Alter bedingte
Funktionsbeeinträchtigungen
(Presbyopie)
durch Viruserkrankungen der Mutter
während der Schwangerschaft (z. B.
schwere Grippe)
als Folge frühkindlicher Infektionen
(z. B. Enzephalitis, Scharlach)
Trübungen des Refraktionsapparates
(z. B. Grauer Star, Trübungen der
Hornhaut)
Schädigungen der Netzhaut (z. B.
spröde Netzhaut, Entzündungen der
Netzhaut)
Vergiftungen, Verletzungen und
Verätzungen
hormonale und metabolische Störungen

4. Häufigkeit

— 0,1% eines Geburtsjahrganges im
schulpflichtigen Alter, d. h. in der
BRD mindestens
2500 Sehbehinderte im Alter vom 1.
bis zum vollendeten 3. Jahr,
2500 Sehbehinderte im Alter vom
4. bis zum vollendeten 6. Jahr,
7500 Sehbehinderte im Alter vom
7. bis zum vollendeten 15. Jahr
— im Erwachsenenalter mehr als 0,1%
der Jahrgänge mit zunehmend
höherem Prozentanteil nach dem
vierten Lebensjahrzehnt

5. Lernverhalten

— unvollkommene visuelle Wahrnehmung

— häufige Konzentrationsstörungen
— Arbeitstempo und Ausdauer beim
Aufnehmen, Speichern und Verarbei-
ten der Lerninhalte, die von der
Visualität abhängen, verlangsamt
und unregelmäßig
— Übertragung des schulischen Lern-
verhaltens auf das gesamte Lernen

6. Sprachverhalten

— bei sehbehinderten Kleinkindern
gelegentlich geringe Sprachentwicklungsverzögerung
— später Unauffälligkeit im Sprechen,
im Redefluß und im Sprachaufbau
— schriftsprachliche Minderleistungen
als faktische Lese-Rechtschreib-
Schwäche (außer bei Kurzsichtigen)

7. Sozialverhalten

Die Sehbehinderung schließt Orientierungsschwierigkeiten im Raum und darüber hinaus auch in den sozialen Beziehungen ein:
— Unsicherheit und Schüchternheit im
Kontakt insbesondere mit Normalsehenden
— Isolierungstendenzen bei manchen
hochgradig Sehbehinderten
— Erethismus mit Aggressionstendenzen
bei Sehbehinderten mit Albinosyn-
drom
— Geringe Gruppenkohärenz bei Sehbehinderten, was vermutlich darauf
zurückzuführen ist, daß Sehbehinderte auf sehr verschiedene Weise
in ihrem Sehen behindert sind; der
unterschiedliche Sehstatus bedingt
z. T. starke Verschiedenartigkeit im
Erleben der Sehbehinderung

8. Motorisches Verhalten

Die eingeschränkte visuelle Kontrolle der motorischen Vorgänge führt dazu, daß

- die Entwicklung der motorischen Grundfunktionen (Greifen, Stehen, Laufen usw.) verzögert sein kann
- das nach dem Lebensalter zu erwartende motorische Leistungsniveau sehbehinderter Kinder oft nicht erreicht wird
- auch sehbehinderte Erwachsene durch Bewegungsunsicherheit auffällig werden
- die motorische Unsicherheit zu Übervorsicht in der Fortbewegung und Hantierung führt
- viele Sehbehinderte eine Körperfehlhaltung haben
- Minderentwicklung der Körperkräfte (z. B. in den Bereichen des Hebens, Tragens, Stoßens, Stemmens und Werfens) und der Ausdauer bei muskelkraftfordernder Betätigung als Folge des Sehschonung genannten Gebotes, körperliche Anstrengung zu vermeiden

9. Erziehungsaufgaben

Sehbehinderte müssen mit Kenntnissen, Fertigkeiten und Gewohnheiten ausgestattet werden, die es ihnen ermöglichen, trotz ihrer Behinderung ihre Persönlichkeit allseitig zu entfalten. Besondere Aufgaben ergeben sich in folgenden Gebieten:

- Wahrnehmungserziehung — Erziehung zur optimalen Nutzung des Sehsinnes und Kompensation durch die anderen Sinne sowie durch Denkvollzüge
- Kulturtechniken — insbesondere Förderung des Lesens und Schreibens
- Leibeserziehung — Förderung der Bewegungskoordination unter besonderer Berücksichtigung der Orientie-

rung und Fortbewegung; Sonderturnen

- Sozialerziehung — Einordnung in die gesellschaftlichen Gruppen, Kooperationstraining — Abbau der Übervorsichtigkeit
- Sehschonung im Gleichgewicht mit dem Sehtraining halten
- Technische Erziehung — Einüben von Handfertigkeiten, die einen besonderen Anspruch an die Koordination stellen — technisches Verständnis und Umgang mit Geräten des Alltagsgebrauchs sowie mit optischen Hilfsgeräten
- Gefühlserziehung (u. a. Kanalisierung von Aggressionen)
- Ästhetische Erziehung (Vermitteln der für die Sehbehinderten visuell schwer zugänglichen Kunstwerke) — Entwicklung kreativer Tätigkeiten
- Hilfe bei der Auseinandersetzung mit der Behinderung und Anbahnung eines angemessenen Selbstwertgefühls
- Übung zweckmäßiger Reaktionen auf unangemessene Verhaltensweisen seitens der Umwelt gegenüber dem Behinderten

10. Besondere Methoden

- Berücksichtigung der einzelnen Sehschädigungen bei der erzieherischen Arbeit (z. B. zeitliche Begrenzung der visuellen Arbeit bei progressiver Myopie u. a.) durch Differenzierung und Individualisierung
- Information über den Sehschaden und Training des allgemeinen Verhaltens gemäß der Sehschädigung (z. B. bei Gefahr der Netzhautablösung, Glaukom, Brillentragen, Strabismus)
- spezielles Sehtraining (z. B. pleoptische Therapie bei Amblyopie)
- kompensatorische Methoden beim Aufnehmen und Speichern der Lerninhalte, die den Sehbehinderten nicht visuell voll zugänglich sind (z. B.

literarische Werke, kompliziertere
mathematische Aufgaben)
— Einsatz besonderer optischer Installation und Mittel (z. B. im Gebiet
der Beleuchtung, der Farben, der
Schrift, der Anschauungsmittel, des
Druckes)
— Training des Gedächtnisses
— Training der motorischen Koordinierung
— Kooperation mit den Eltern
— Zusammenarbeit mit Arzt, Psychologe
usw.
— Berücksichtigung der relativ häufig
auftretenden zusätzlichen Beeinträchtigungen (Lernbehinderungen, Hörschädigungen, motorische Beeinträchtigungen usw.)

11. Soziale Situation

— Die Einstellung der Umwelt zu Sehbehinderten ist gekennzeichnet durch
eine unzureichende Information über
diese Behinderung (z. B. Gleichsetzung von Sehbehinderung und Intelligenzschaden), durch Verlegenheit
und Unsicherheit im Kontakt mit
ihnen. Das äußert sich oft in Distanz
zum Sehbehinderten und in Unterschätzung seiner Leistungsmöglichkeiten
— Sehbehinderte werden oft aufgrund
ihres äußeren Habitus nicht als
Behinderte empfunden und finden
dann nicht genügend Verständnis
für ihre Lage
— sie selbst ziehen es vor, in den
gesellschaftlichen Gruppen, in denen
sie verkehren, unauffällig zu bleiben
— sie haben Schwierigkeiten in der
beruflichen Eingliederung
— die Schichtzugehörigkeit der Familien mit sehbehinderten Kindern und
der Sehbehinderten selbst gleicht der
Normalverteilung

12. Soziale Aufgaben

— Sozialhilfe nach dem Bundessozialhilfe-Gesetz als Hilfe zum Lebensunterhalt und Hilfe in besonderen
Lebenslagen
— Bezug von Blindengeld für einen Teil
der hochgradig Sehbehinderten
— Beratung in beruflichen und anderen
Problemlagen
— Förderungsmaßnahmen, die vielen
Sehbehinderten als Erwerbsgeminderten zustehen (Arbeitsplatzpräferenz,
Steuerermäßigung)
— Umschulungshilfe, geeignete Förderungshilfen bei höherer Bildung
— Erholungsfürsorge
— Wohnungsbeschaffungshilfen
— Förderung der Selbsthilfe — Initiative
der Sehbehindertenorganisationen
(internationale Begegnungen, Erholungszentren, Altenheime, Sportveranstaltungen usw.)
— Förderung der Initiative zur Integration (Arbeitsplätze in geeigneten
Betrieben unter Normalsehenden,
Jugendbegegnungen mit Normalsehenden usw.)

13. Ärztliche Aufgaben

— Diagnostik und besonders Prognosestellung der Schädigungen und Störungen der Sehfunktionen
— Therapieanweisungen bei bestimmten
Sehschäden
— Hinweise für den Umgang mit bestimmten Sehbehinderten, die vom
Mediziner zur spezifische Bedingungen für das Lernen und Spielen,
für den Beruf usw. benötigen
— ständige Kontrolle des Sehschadens
— Diagnostik und Therapie zusätzlicher
Schäden
— genetische Beratung (eugenische
Indikation)
— schulärztliche Tätigkeit

14. Erziehungseinrichtungen

- Sonderpädagogische Beratungsstellen
  zur Beratung und Anleitung von
  Eltern sehbehinderter Kleinkinder
  sowie von Eltern und Lehrern sowie
  Sehbeeinträchtigten selbst, wenn die
  Sehbeeinträchtigung nicht den dauernden Besuch einer Sondereinrich-
  tung, jedoch Beratung und Anleitung
  in praktischer, pädagogischer oder
  psychologischer Hinsicht erforderlich
  macht (in der Regel an den Seh-
  behindertenschulen und Ausbildungs-
  stätten für Sehbehindertenlehrer,
  z. B. in Dortmund und Heidelberg)
- Sonderkindergarten
- Sonderschulen für Sehbehinderte im
  Rahmen der allgemeinen Schulpflicht
- Rehabilitationszentren, die auch
  hochgradig Sehbehinderte fördern
- Blindenstudienanstalt in Marburg,
  die auf der Oberstufe auch Sehbehinderte fördert

Sehbehinderte — Eine internationale
Bibliographie (hrsg. Beermann,
Boldt, Mersi), Schindele Verlag,
1969—72

15. Verbände

- Verein deutscher Blinden- und Sehbehindertenlehrer, 2 Hamburg 39,
  Borgweg 17 a
- Elternbeiräte bei den Sehbehinderten-
  schulen

16. Literaturhinweise

Beermann, U.: Erziehung von Sehbehin-
  derten. 1966 (Beltz)
Mersi, F.: Die Schulen der Sehgeschädig-
  ten, 1971
Tanner, M.: Unterricht bei Sehbehinder-
  ten, 1973
Zeitschrift für Heilpädagogik
Der Blindenfreund. Zeitschrift für das
  Blindenwesen

8. Sprachbehindertenpädagogik

Von Gerda Knura

1. Begriff

- Sprachbehindertenpädagogik ist die Theorie und Praxis der Erziehung und Bildung sprachbehinderter Menschen mit dem Ziel der Rehabilitation (Eingliederung als auch Wiedereingliederung in Familie, Schule, Beruf und Gesellschaft)
- Sprachbehinderte sind Personen, die vorübergehend oder dauernd in unterschiedlichem Ausmaß unfähig sind, die allgemeine Umgangssprache in Laut und Schrift altersüblich zu verstehen, zu verarbeiten und zu äußern und die deshalb in ihrer Persönlichkeits- und Sozialentwicklung sowie in ihrer seelisch-geistigen und körperlichen Leistungsfähigkeit gefährdet oder beeinträchtigt sind. Die Unfähigkeit kann sich auf eine, mehrere oder alle sprachlichen Teilfunktionen erstrecken. Innerhalb der Sonderpädagogik wird der Begriff „Sprachbehinderte" konventionell nur auf solche Personen angewandt, deren Sprachstörung nicht als Folge beispielsweise einer Hör- oder Intelligenzschädigung zu sehen ist.
  Unter Sprachstörung wird im Folgenden die sprachliche Beeinträchtigung selbst, unter Sprachbehinderung die durch sie bewirkte seelisch-geistige Gesamtsituation verstanden
- **Parallelbegriffe**
  Sprachgeschädigtenpädagogik, Sprachheilpädagogik, Sprachgeschädigte, Sprachgestörte, Sprachauffällige, Sprachgehemmte, Sprachbeeinträchtigte
- **Abgrenzungen**
  Intelligenzschädigung, Hörschädigung, extreme Verhaltensbeeinträchtigung (Autismus)

2. Erscheinungsbild

- **Störungen der Sprachentwicklung**

  a) *Verzögerte Sprachentwicklung*
  Ausbleiben oder Behinderung der keineswegs altersgemäßer Sprechbeginn

  b) *Stammeln*
  Unfähigkeit, bestimmte Laute oder Lautverbindungen auszusprechen oder entsprechend der phonetischen Lautnorm der verwendeten Sprache richtig zu sprechen

  c) *Dysgrammatismus*
  Unfähigkeit, den Gedankenfluß durch eine geregelte Wortfolge auszudrücken, betroffen sind Grammatik und Syntax, welche die Wortbeugung und Wortstellung im Satz regeln

  d) *Störungen im Erlernen des Lesens und Rechtschreibens* (LRS)
  Spezielle, aus dem Rahmen der übrigen Leistungen fallende Schwäche im Erlernen des Lesens und Rechtschreibens, welche über längere Zeit die schriftsprachliche Kommunikation erheblich beeinträchtigt oder unmöglich macht

- **Früh- und späterworbene Störungen der Sprache**

  a) *Zentrale Störungen der Sprache*
  - Früherworbene zentrale Störungen der Sprache
    Ausbleiben oder Behinderung der Sprachentwicklung des Kindes (Hörstummheit, Auditive Agnosie) infolge prä-, peri- oder postnataler Hirnschädigungen. Die Entwicklung der Schriftsprache kann mit beeinträchtigt sein
  - Späterworbene zentrale Störungen der Sprache
    Verlust der bereits ausgebildeten Sprache (Aphasie) infolge zentraler Schädigungen als Folge von Hirnverletzungen, -blutungen, -entzündungen, -geschwülsten u. a. fehlendes Verstehen von

Sprache, obwohl diese gehört wird, durch zentrale Störungen der Sprache oder Erschwerung bzw. Verhinderung des Behaltens und Produzierens von Sprachbewegungsmustern bei intaktem Sinnverständnis, oder Beeinträchtigung der Fähigkeit, Buchstaben und geschriebene Wörter optisch zu erkennen und zu behalten. Überlappungen zwischen den Störungsbildern sind häufig

b) *Expressive Störungen der Sprache*
— Dysarthrie
  Erschwerung oder Verhinderung des äußeren Sprechvorganges durch zentrale, pyramidale, extrapyramidale, bulbäre Störungen der Artikulation, Phonation, Respiration
— Dysglossien
  Störungen der Artikulation durch organische Veränderung an den äußeren Sprechorganen.
— Rhinolalie, Rhinophonie (Näseln)
  Beeinträchtigung von Stimmklang und Artikulation durch verminderte Nasenresonanz (Stockschnupfensprache) oder übermäßige Nasendurchgängigkeit (beispielsweise bei fehlendem Gaumenabschluß infolge Gaumenspalte)
— Stimmstörungen
  Veränderung der Stimme und Beeinträchtigung der sprachlichen Kommunikation in unterschiedlichen Ausprägungsformen durch Heiserkeit verschiedenen Ursprungs oder unphysiologische Stimmlage

c) *Reaktive und/oder psychoneurotische Störungen der Sprache*
— Stottern
  Die fließende Rede wird durch krampfartige Wiederholungen einzelner Laute oder Silben oder durch pressendes Verharren in einer Artikulationsstellung unterbrochen. Respiration und Phonation sind mitbetroffen. Die Symptomatik kann von Fall zu Fall und situativ sehr unterschiedlich

sein und durch das Hinzutreten von Mitbewegungen im Bereich der Mimik, der Artikulations- und Körpermotorik in ihrer Auffälligkeit bis ins Extrem verstärkt werden
— Poltern
  Die Formulierung der Sprache wird durch eine verwirrte, gehetzte, verschliffene Redeweise gestört. Es kommt zu einer auffälligen Beschleunigung des Sprechtempos innerhalb längerer Wörter und bei längeren Sätzen, zum Silbenverschlucken und Silbenwiederholen, zu unregelmäßigen Lautentstellungen und zur Reduktion von Konsonatenhäufungen.
— Mutismus, elektiver Mutismus
— Aphonie, elektive Aphonie
  Stummheit oder Verzicht bzw. zeitweiliger Verzicht auf den Gebrauch der stimmhaften Sprache auf Grund psychischer Zwänge, die sich — häufig auf dispositioneller Grundlage — als Reaktion auf ungünstige Umweltverhältnisse, anhaltende Überforderungssituationen, Schreckerlebnisse usw. einstellen können — bei intakten organischen und geistigen Voraussetzungen für den Gebrauch von Stimme und Sprache

3. Ursachen

— *organische*
  Schädigungen und Mißbildungen der Sprechorgane
  Schädigungen der Sprachzentren
  extrapyramidale Schädigungen und Erkrankungen
  häufige Mitbeteiligung von Schädigungen der Intelligenz, der Hörorgane und der Sehorgane

— *konstitutionelle*
  motorische und sensorische Reifungsverzögerungen

körperliche Asthenie
anlagebedingte Sprachschwäche
anlagebedingte Dispositionen

— *psycho-soziale*
mangelhafte oder übermäßige affektive und sprachliche Stimulation
Fehleinstellung zum Sprachverhalten
schlechte sprachliche Vorbilder
Erzieherische Fehlhaltungen wie überkritische und mißbilligende Einstellung gegenüber dem Kind
ängstlich-besorgtes, streng-forderndes, extrem-zwiespältiges Erziehungsverhalten der Eltern
Unterschichtspezifisches sozio-kulturelles Milieu, das u. a. gekennzeichnet ist durch niedriges schulisches
Ausbildungsniveau der Eltern, ungünstige ökonomische Verhältnisse,
große Geschwisterzahl, fehlendes
Sprach- und Leseinteresse, fehlende
sprachliche Übungsmöglichkeit

4. Häufigkeit

Der Schwerpunkt der Entstehung und
Verfestigung der meisten kindlichen
Sprachstörungen liegt im Kindergarten-
und Einschulungsalter:
— Sprachbehinderungen im Sinne einer
überwindbaren oder dauernden Beeinträchtigung der altersüblichen
sprachlichen Kommunikation mit
Auswirkungen auf die kognitive,
psychische und soziale Entwicklung
bei ca. 10—15% dieser Altersklasse,
wobei·
a) ca. 8—13% durch zeitlich begrenzte, die allgemeine Vorschul-
bzw. Grundschulerziehung begleitende oder ambulante Fördererziehung voll zu rehabilitieren
sind,
b) ca. 1—2% eine sich über längere
Zeit erstreckende oder dauernde
oder sich wiederholende Sondererziehung innerhalb des sonderpädagogischen Systems von Kindergartensondergruppe, Sonderkindergarten, Sonderklasse, Sonderschule und Heim für Sprachbehinderte benötigen, um durch
komplexe Intensivförderung von
ihrer umfänglichen Beeinträchtigung befreit zu werden oder trotz
resistenter Sprachbehinderung
eine möglichst optimale Bildung
und Erziehung zu erfahren mit
dem Ziel der vollen Integration
in Familie, Beruf und Gesellschaft
— Für die Gesamtgruppe der Allgemeinschulpflichtigen wird der Anteil
sonderschulbedürftiger Sprachbehinderter mit 0,33% beziffert („Empfehlungen zur Ordnung des Sonderschulwesens 1972"). Dabei zu berücksichtigen:
a) durchschnittliche Sonderschulbesuchsdauer für Sprachbehinderte etwa 3 Jahre,
b) Sonderschulbedürftigkeit Sprachbehinderter im Grundschulalter
häufiger als im Hauptschulalter,
c) Sonderschulbedürftigkeit Sprachbehinderter wegen der mit Dauer
der Sprachstörung sich potenzierenden Folgebehinderungen umso
größer, je später der Einsatz
behinderungsspezifischer Förderung
— Sprachbehinderungen bei Jungen
häufiger als bei Mädchen. Der auffälligste Unterschied beim Stottern:
hier Verhältnis von weiblichen :
männlichen Stotterern zwischen 1 : 3
bis 1 : 10

5. Lern- und Leistungsverhalten

Der Begriff „Sprachbehinderung" subsummiert sehr verschiedenartige Störungsbilder (siehe 1 u. 2). Dementsprechend
können „Sprachbehinderte" hinsichtlich
ihres Lern- und Leistungsverhaltens
nicht als homogene Gruppe aufgefaßt
werden, vielmehr ist eine stärkere Diffe-

renzierung zwischen den Behinderungsgruppen und innerhalb dieser selbst notwendig.

- Bei Entwicklungsstörungen der Laut- und Schriftsprache liegen neben spezifischen Leistungsminderungen in den verbalen Bereichen häufig auch Störungen in den nichtverbalen Bereichen vor, die zu Leistungsdefiziten führen: Motorik, Sensorik, Gedächtnis, Merkfähigkeit, Konzentration, Besonderheiten der Lateralität
  Bei vordergründiger Beachtung des sprachlichen Symptoms ohne spezielle Förderung in den übrigen funktionsschwachen Bereichen können Sprachbehinderte trotz ausreichender bis sehr guter Intelligenz in einzelnen Fächern oder generell in der Schule versagen
- Bei früh- oder späterworbenen zentralen Störungen der ausgebildeten Sprache ergeben sich Störungen im Lern- und Leistungsverhalten direkt aus Art und Umfang der individuellen zentralen Ausfälle und Beeinträchtigungen. Sie bestehen in starken Behinderungen, mitunter in gänzlicher Verhinderung der laut- oder/und schriftsprachlichen Kommunikation sowie der Wiedergewinnung und individuellen Aneignung der Muttersprache und der Teilhabe an ihr
- Expressive Störungen der Sprache können sich – je nach Art und Stärke – über das Sozialverhalten mehr oder weniger stark auf das Lern- und Leistungsverhalten auswirken. Sie bewirken in differenzierter Weise Sprechscheu und Zurückziehen von allgemeinen schulischen Aktivitäten, was durch die daraus folgende Isolierung zu Leistungsabfällen nicht nur in den sprachlichen Fächern führen kann
- Bei reaktiven oder psychoneurotischen Sprachstörungen kann meist nicht von einem spezifischen, das Lern- und Leistungsverhalten beeinträchtigenden Ausfall bestimmter Funktionen gesprochen werden. Lei-

stungsstörungen von Stotterern scheinen eher mit einer geringeren Frustrationstoleranz und niedriger Erregungsschwelle im Sinne emotionalaffektiver Instabilität in Verbindung zu stehen und als deren Folgeerscheinungen aufzufassen zu sein

6. Sprachverhalten

Die Entwicklungsrückstände bzw. Ausfälle oder Minderleistungen im sprachlichen Bereich erstrecken sich je nach Art und Umfang der Sprachbehinderung auf die

- Sprachaufnahme: Störungen der akustischen Wahrnehmung im Zusammenhang mit Störungen der affektiven Sphäre (Übererregbarkeit, Apathie)
- zentrale Verarbeitung: Störungen im Dekodieren sprachlicher Zeichen (phonematisches Hören), Unfähigkeit zum Erkennen und Behalten von Wortstrukturen (auditive Wortagnosie), Unfähigkeit zum Erkennen und Behalten von Schriftsprache (visuelle Wortagnosie), Störungen im Erkennen des Zeicheninhaltes, in der Bildung und Reproduktion von Sprechwegungsmustern, motorische Ungeschicklichkeit und Schwerfälligkeit in der Lautbildung
- Sprachäußerung: Störung der Koordination der Sprechbewegungen infolge motorischer Labilität oder Ungeschicklichkeit aufgrund von Reifungsverzögerungen, Schädigungen der Sprechwerkzeuge; Störungen des Redeflusses und der Stimmbildung als reaktiv gelerntes Fehlverhalten.

Daraus resultieren

- Ausbleiben oder Verzögerung oder Behinderung der Sprachentwicklung
- Fehlendes oder vermindertes Sprachverständnis
- Verringerter Wortschatz
- Erschwerte Wortfindung

- Schwierigkeiten in der grammatischen und syntaktischen Durchgliederung laut- und schriftsprachlicher Äußerung
- Erschwerungen in der Realisation der muttersprachlichen Lautnorm
- Störungen des Lesens und Leseverständnisses
- Rechtschreibschwierigkeiten
- Beeinträchtigungen des Redeflusses insbesondere bei der Äußerung eigener Überlegungen, Gefühle, Meinungen
- Verringerte Sprechbereitschaft, Scheu oder Angst vor sprachlicher Kommunikation

7. Sozialverhalten

- Auffälligkeiten im Sozialverhalten stehen vor allem im Zusammenhang mit der gestörten sprachlichen Kommunikation und den Reaktionen der Umwelt auf diese Störung. Sie zeigen die Tendenz, sich mit Dauer und Stärke der Störung zuzuspitzen und treten in Erscheinung als
- Aggression bzw. Regression gegenüber der Umwelt
- Selbstunsicherheit und geringe Selbstannahme
- Unsicherheit in der Einschätzung der Rolle anderer
- übersteigerte Ich-Bezogenheit
- labile Affektlage
- Integrationsmangel und zunehmende Isolierung

8. Motorisches Verhalten

Unterschiedliches motorisches Verhalten je nach Art und Einbettung der Sprachbehinderung.
Häufig:
- Entwicklungsrückstände in der Grob- und Feinmotorik, insbesondere bei

Sprachentwicklungsstörungen
- Mangelnde Koordination vor allem der Sprechmuskulatur, aber auch der allgemeinen Körpermotorik als Folge früh- oder späterworbener Hirnschädigung — oft minimaler Art — oder als Ausdruck psychischer Blockierung

9. Erziehungsaufgaben

- Beseitigung oder möglichst weitgehender Abbau der individuellen Sprachbehinderung und ihrer Auswirkungen mit pädagogischen Mitteln
- Vermittlung von Kenntnissen und Fertigkeiten entsprechend der allgemeinen pädagogischen Zielstellung unter durchgängiger Berücksichtigung des lebenspraktischen Bedürfnisses jedes Sprachbehinderten, trotz möglicherweise bleibender sprachlicher Beeinträchtigung, integriert in Familie, Beruf und Gesellschaft, sowohl personell als auch ökonomisch selbständig und selbstverantwortlich leben zu können
Erziehungsbereiche, die je nach Art und Ausmaß der Sprachbehinderung unter dem Gesichtspunkt des Wirkungszusammenhangs anzuzielen sind:
- **Motorischer Bereich**
Löschung fehlerhafter Bewegungsmuster und Förderung richtiger Bewegungskoordination im Bereich der Grob- und Feinmotorik, Beseitigung oder Verminderung von Störungen der Direktionalität, Lateralität, Rechts-Links-Orientierung, Entwicklung von Handgeschicklichkeit und Geschicklichkeit der Sprechwerkzeuge, Rhythmisch-musikalische Erziehung

- **Sensorischer Bereich**
Beseitigung oder Verminderung von Störungen der visuellen Wahrnehmung: Richtung der Aufmerksamkeit auf optische Signale, Zeichen,

Gestalten; Übung im Erfassen, Behalten, Erinnern von Farben, Formen, Körpern, der Raumlage, der Figur-Hintergrund-Beziehungen, der Stellung in der Reihe, der Auge-Hand-Koordination,

Beseitigung oder Verminderung von Störungen der auditiven Wahrnehmung: Richtung der Aufmerksamkeit auf Geräusche, Klänge, Sprachlaute, Sprachgestalten; Übung im Erfassen, Behalten und Erinnern von Geräuschen, Klängen, Sprachlauten und im Reagieren auf diese; Entwicklung der Fähigkeit, Sprachlaute aus dem Zusammenhang zugesprochener oder eigenproduzierter Sprache zu analysieren, zu vergleichen und zu reproduzieren

— **Kognitiver Bereich**
Aktivierung der Denktätigkeit, der Durchführung geistiger Operationen auf der Grundlage des ermittelten individuellen Entwicklungsniveaus durch planmäßige Schaffung von Situationen, die zum handelnden Lernen motivieren,

Sprachliche Begleitung der Tätigkeiten durch den Lehrer bzw. Erzieher oder dazu bereits befähigte Gruppenmitglieder und damit Bereitstellung sprachlicher Mittel für den Sprachbehinderten, um das Fragen nach dem Warum der Handlung und die fortschreitende Strukturierung der Umwelt und des Umweltgeschehens zu ermöglichen,

Beachtung der Gesetzmäßigkeiten der kindlichen Sprachentwicklung, die in Beziehung stehen mit denen der Entwicklung des kindlichen Denkens

— **Sprachlicher Bereich**
Unter Berücksichtigung der Art der Sprachbehinderung und des individuellen sprachlichen Entwicklungsstandes:

Weckung oder Erweiterung des Sprachverständnisses

Festigung und Erweiterung des Wortschatzes

Übung der Wortfindung, der Kategorien- und Analogiebildung, Entwicklung und Festigung des Gefühls für die Wortbeugung und Wortstellung im Satz

Erarbeitung der korrekten Realisation der muttersprachlichen Lautnorm

Erlernung der zusammenhängenden Rede unter Beachtung des melodischen, temporalen, dynamischen Akzents

Wiedergewinnung verlorengegangener Sprachfunktionen unter Berücksichtigung des Sprachniveaus zum Zeitpunkt des Eintritts des Sprachverlusts

— **Psycho-sozialer Bereich**
Ausschaltung oder Verringerung ungünstiger häuslicher Erziehungseinflüsse

Anbieten von Erziehungshilfen für die Eltern

Abbau psychischer Spannungen und Blockierungen

Vermittlung von Erfolgserlebnissen in den verschiedenen Leistungsbereichen

Aufbau eines angemessenen Selbstwertgefühls bei Abbau des hemmenden Störungsbewußtseins

Aufbau und Verstärkung sozialintegrativer Verhaltensweisen

Vermittlung von Ersatzmechanismen für die sprachliche Kommunikation (beispielsweise bei bestimmten Aphasien)

Hilfe bei der inneren Verarbeitung eines plötzlich eingetretenen Sprachverlusts u. ä.

Einflußnahme auf die Mitmenschen des Sprachbehinderten in Schule, Beruf und Gesellschaft

Anbieten von Hilfen für das Verständnis von Sprachbehinderten und den Umgang mit ihnen (beispielsweise mit jugendlichen und erwachsenen Aphasikern, Laryngektomierten, Stotterern u. a.)

10. Besondere didaktische Notwendigkeiten

— Verlagerung des Schwerpunktes sonderpädagogischer Bemühungen auf den Vorschul- und Grundschulbereich: die meisten Sprachbehinderungen im Kindesalter einschließlich ihrer Folgebehinderungen sind dort am wirksamsten anzugehen
— Prinzip der mehrdimensionalen sprachlichen Förderung: Möglichst umfassende Ermittlung der individuellen Lerndefizite in allen angeführten Erziehungsbereichen (vgl. 9) als Ausgangsbasis für eine gezielte Setzung notwendiger Sprachentwicklungsreize, die an den Voraussetzungen und Gesetzmäßigkeiten normaler Sprachentwicklung orientiert ist
— Ableitung von Aggressionen durch entsprechende Material- und Spielangebote (Fingerfarben, Wasser, Matsch, Knete u. a.)
— Einsatz von audio-visuellen Lernhilfen (Language-master, Lee-Effekt-Gerät, Tonbandgerät, Projektor) und differenzierenden Arbeitsmitteln (Mengentrainer, Lesetrainer u. a.) zur Richtung der Aufmerksamkeit, zur besseren Selbstkontrolle, zur Erfolgsvermittlung und Erfolgsverstärkung
— Gezielte Förderung der Kommunikationsfähigkeit und Soziabilität durch planvolle Verteilung sprachunabhängiger Aufgaben (Anfertigung von Gruppenarbeiten im Zeichnen, Werken, im Rahmen der Scheiblauer-Rhythmik u. a.) sowie durch den Einsatz gruppenpädagogischer Verfahren

11. Soziale Situation

— Verteilung der Schichtenzugehörigkeit der Familien mit Sprachbehinderten vermutlich unterschiedlich:

Sprachentwicklungsgestörte Kinder scheinen häufiger aus niedrigerem sozio-kulturellem Milieu zu kommen. Die übrigen Sprachbehinderten auf die einzelnen Bevölkerungsschichten vermutlich normal verteilt
— Die Einstellung der Umwelt gegenüber Sprachbehinderten ist ambivalent: Sprachbehinderungen werden einerseits nicht als gravierend beurteilt, andererseits stoßen Sprachbehinderte in hohem Maße auf emotionale Ablehnung
— Die Unkenntnis über Verschiedenheit und Komplexität von Sprachbehinderungen und über ihre möglichen Auswirkungen auf die Kommunikationsprozesse und das Lern- und Leistungsverhalten führen leicht zu einer Unterschätzung der Sprachbehinderung und einer Überforderung und Benachteiligung Sprachbehinderter
— Allmählich wachsendes Verständnis (Öffentlichkeitsarbeit, Bildungsempfehlungen, Sozialgesetzgebung)

12. Soziale Aufgaben

— Information der Öffentlichkeit über die Lebensbedeutsamkeit von Sprachbehinderungen, über die Folgen negativer Einstellungen gegenüber Sprachbehinderten, negativer Reaktionen auf Sprachstörungen und über prophylaktische Möglichkeiten
— Eltern- und Familienberatung
— Beratung von Lehrern, Lehrmeistern, Vorgesetzten und Arbeitskollegen als Eingliederungshilfe für Sprachbehinderte

13. Ärztliche Aufgaben

— Diagnostik möglicher peripherer Organstörungen, zentraler Schädigun-

gen und Erkrankungen, körperlicher
und geistiger Entwicklungsstörungen,
biochemischer Veränderungen im
Körperhaushalt, psychopathologi-
scher Veränderungen der Gesamtpersönlichkeit
— Beseitigung von somatischen Ursachen oder Eindämmung krankhaf-
ter Prozesse durch medikamentöse
und medikomechanische Behandlung, operative Eingriffe, roborie-
rende Maßnahmen u. a.

14. Erziehungseinrichtungen

— Beratungsstellen für ambulante
Sprachheilarbeit in Schulen, Gesund-
heitsämtern, Sprachheilheimen, Erziehungsberatungsstellen, Fachkliniken und Diagnosezentren mit dem
Zweck der Früherfassung und Frühförderung von Sprachbehinderten,
der Beratung von Eltern, Lehrern
und Sprachbehinderten selbst, der
Durchführung von Sprachheilkursen
und Einzelförderung
— Kindergärten für Sprachbehinderte
an Schulen für Sprachbehinderte
oder als selbständige Einrichtung
mit dem Ziel, Kindern mit hoch-
gradigen Sprachentwicklungsstörungen und psycho-reaktiven Störungen
der Sprache durch behinderungsspezifische Frühförderung die Aufnahme in die allgemeine Grundschule
zu ermöglichen oder sie für die Aufnahme in die Schule für Sprachbehinderte zu befähigen
— Schulen für Sprachbehinderte, z. T.
als vollausgebaute, mehrzügige
Grund- und Hauptschulen, in Hamburg auch als Realschule, z. T. lediglich als Grundschulen, mit dem Ziel,
durch behinderungsspezifische Förderung hochgradig Sprachbehinderten
eine baldige Eingliederung in die allgemeine Grund-, Haupt- oder weiterführende Schule zu ermöglichen,
oder aber Kindern und Jugendlichen

mit resistenter Sprachbehinderung
durch die Sonderbeschulung eine
möglichst optimale Bildung und
Erziehung zu vermitteln
— Grundschulklassen für Sprachbehinderte, z. T. als Außenklassen der
nächstgelegenen Schule für Sprachbehinderte an allgemeinen Grundschulen geführt, z. T. als Einrichtungen auf Zeit allgemeinen Grundschulen direkt zugehörig, z. T. anderen Sonderschulen angegliedert
— Sprachheilheime und Heimschulen
für Sprachbehinderte in öffentlicher
oder privater Trägerschaft unter Leitung von Fachpädagogen, Psycholo-
gen und gelegentlich von Fachärzten,
geführt als reine Kurheime oder als
Heime mit begleitendem Schulunter-
richt oder als Schule für Sprachbehinderte mit Heim mit dem Ziel
der komplexen Intensivbehandlung
von hochgradig sprachbehinderten
Kindern und Jugendlichen
— Klinische Einrichtungen an Univer-
sitätskliniken oder Krankenhäusern,
die sowohl als Diagnosezentren fun-
gieren als auch die sprachheilpäd-
agogische Förderung von Sprachbehinderten durchführen.
— Private Sprachheilbehandlung durch
Sprachbehindertenlehrer, staatlich
anerkannte Logopäden oder Sprach-
und Stimmtherapeuten
In den Einrichtungen sind besondere
Installationen und Ausstattungen für die
speziellen diagnostischen und pädagogischen Zwecke erforderlich

15. Verbände, zentrale Beratungsstellen

— Deutsche Gesellschaft für Sprachheil-
pädagogik
Geschäftsstelle: 2 Hamburg 1,
Rostocker Str. 62,
Telefon 0 40 — 24 82 64 34
— Deutsche Gesellschaft für Sprach-
und Stimmheilkunde

Geschäftsführer: Prof. Dr. med.
G. *Kittel,* 852 Erlangen, Phoniatrische
Abt. der Univ. HNO-Klinik Bohlen-
platz
Telefon 0 91 31 — 85 31 46
— Beratungsstellen der Gesundheits-
und Jugendämter
— Von den örtlichen Sozialhilfeträgern
eingesetzte Sprachheilbeauftragte
— Sonderschulen und Heime für Sprach-
behinderte
— Phoniatrische Abteilungen an HNO-
Kliniken und Abteilungen für Sprach-
behinderte an anderen Fachkliniken

16. Literaturhinweise

Heese, G.: Sprachgeschädigtenpädagogik.
In: *H. Jussen* (Hrsg.) Handbuch der
Heilpädagogik in Schule und Jugend-
hilfe, München 1967 (Kösel)

Knura, G.: Sprachbehinderte. Gutachten
der Bildungskommission des Deutschen Bildungsrates. Bd. Sonderpäd. 4.
Stuttgart 1974 (Klett)

Luchsinger, R. und *Arnold, G. E.:*
Handbuch der Stimm- und Sprach-
heilkunde, Bd. I u. II. Wien 1970
(Springer)

Orthmann, W.: Zur Struktur der Sprachgeschädigtenpädagogik. Berlin 1969
(Marhold)

Schneider, H.: Die Arbeit in der Sprach-
heilschule. In: Pädagogische Psychologie der Bildungsinstitutionen,
Bd. II. München 1968 (Reinhardt)

Die Sprachheilarbeit.
Herausgeber: Deutsche Gesellschaft
für Sprachheilpädagogik e. V.
Wartenberg & Söhne, 2 Hamburg 50,
Theodorstraße 41

Der Sprachheilpädagoge.
Herausgeber: Österreichische Gesellschaft
für Sprachheilpädagogik, 1170 Wien,
Kindermanngasse 1

9. Verhaltensbehinderten- und Verhaltensgestörtenpädagogik

Von Heinz Bach

1. Begriff

- Verhaltensbehinderten- und Verhaltensgestörtenpädagogik ist die Theorie und Praxis der Erziehung aller verhaltensbeeinträchtigten Personen
- Als verhaltensbeeinträchtigt gelten Personen, deren Verhalten
  bewußt oder unbewußt
  von einer zweckmäßigen, d. h. ein differenziertes Leben und Zusammenleben ermöglichenden Regel nicht nur einmalig abweicht,
  nicht alters- oder umständemäßig begründet ist und
  den sinnvollen Zustand oder Handlungsablauf der eignen Person, anderer Personen oder von Sachen gefährdet und daher
  besonderer pädagogischer Maßnahmen bedarf
- Verhaltensbeeinträchtigungen sind stets in Relation zu einer Norm bzw. Gruppenerwartung zu sehen; sie sind Ausdruck mangelhafter Sozialisierung
- sie sind im allgemeinen dann mit Bestimmtheit zu konstatieren, wenn sie
  mit Symptomhäufung in Erscheinung treten
  die Lernfähigkeit einschränken
  Leidensdruck auslösen
  in verschiedenen Lebensbereichen (z. B. Schule und Elternhaus)
  in verschiedenen Gruppen
  gegenüber verschiedenen Bezugspersonen (z. B. verschiedene Lehrer) auftreten
- Verhaltensbeeinträchtigungen werden — vor allem unter erziehungsorganisatorischem Aspekt — eingeteilt in die relativ häufigen Verhaltensstörungen und die relativ seltenen Verhaltensbehinderungen, die durch extreme Umfänglichkeit, Schwere und Dauer der Symptomatik gekennzeichnet sind
- **Gruppenverhaltensstörungen**
  (z. B. auf Grund autokratischer oder gespaltener Gruppenstrukturen, negativer Gruppenziele) sowie die entsprechenden diagnostischen und gruppenpädagogischen Maßnahmen bleiben hier außer Betracht
- **Parallelbegriffe** (mit Einschränkung): Erziehungsschwierigkeit, Schwererziehbarkeit, Entwicklungsgestörtheit, -gehemmtheit, -schädigung, Gemeinschaftsschwierigkeit, -bedrängung, -bedrängtheit, Sozialauffälligkeit, Sozialbehinderung, psychische, seelische, psychodynamische Behinderung, Dissozialität, Asozialität, Verwahrlosung, Halbstarken-, Rocker-, Anarchistenverhalten, kriminelles Verhalten
- **Abgrenzungen**
  Vermeintliche Verhaltensbeeinträchtigung (Unterstellung, Beobachtungsfehler)
  Fehlverhalten aus altersgemäß oder anderweitig bedingter Unkenntnis der Regel und ihrer Gültigkeit
  Übertretung der Regel zugunsten zweckmäßigeren Verhaltens hinsichtlich bestimmter Situationen (begründete Opposition, innovatives Verhalten)
  Verhaltensauffälligkeit als einmaliges, zufälliges Fehlverhalten
  Verhaltensbesonderheiten auf Grund sensorieller, motorischer oder intellektueller Schäden oder auf Grund äußeren Zwanges

2. Erscheinungsweisen

- **Regelmäßig**
  Mangelnde oder undifferenzierte Kontaktaufnahmen und Bezugsverhältnisse
  Mangelnde soziale Eingliederung
  Kollisionen mit der Umwelt
  Unbehagen über eigene Situation
  Veränderbar durch erzieherische oder andere Einflüsse

— **Häufig**
Spezielle Symptome wie Träume-
reien, extreme Verstimmtheit,
Schüchternheit, Überempfindlich-
keit, Überbravheit, Ängstlichkeit,
Schlafstörungen, extreme Trotz-
reaktionen, Zerstörungsdrang,
Clownerien, Stehlen, Einnässen,
Nägelkauen, Aggressivität, Schul-
schwänzen, Arbeit verabsäumen,
Vagabundieren, sexuelle Exzesse
u. a.
Sekundär eingeschränkte Lern- und
Leistungsfähigkeit durch verhaltens-
beeinträchtigungsbedingte Konzen-
trations- und Motivationsmängel,
mangelhafte Arbeitstechniken und
-disziplin

— **Gelegentlich**
Sprach-, Wahrnehmungs-, Bewe-
gungs-, Haltungsfehler als Ausdruck
der Verhaltensbeeinträchtigung;
Organische Symptome psychogener
Art

— **Sekundäre Verhaltensbeeinträchtigung**
nahezu regelmäßig bei anderweitigen
Behinderungen (Körper-, Seh-, geistige Behinderung usw.) bzw. Störungen (Sprach-, Lern-, Wahrnehmungs-
störung usw.) als Reaktion auf unzweckmäßige Erziehungsmaßnahmen
oder Umweltreaktionen hinsichtlich
der primären Beeinträchtigung

— **Grade** (Einteilung unter erziehungsorganisatorischem Aspekt)

a) *Verhaltensstörungen:*
Als verhaltensgestört gelten Personen, deren Verhaltensbeeinträchtigungen
zeitlich *oder*
umfangsmäßig *oder*
graduell begrenzt sind
Fehlhaltungen (Übergangsgrad
zwischen Verhaltensstörungen
und Verhaltensbehinderungen)
als generalisierte Verhaltensstörung in mehreren oder allen
Funktionen und Lebensbereichen
wirksam — bei entsprechend ver-
einseitigter Erlebnisverarbeitung.

Hauptrichtungen:
— Untersteuerung (sog. strukturelle Verwahrlosung): Verwil-
derungs-, Bequemlichkeits-
oder Terrorhaltungen mit
relativer Skrupellosigkeit
— Übersteuerung (Neurose i.e.S.):
Resignations-, Regressions-
oder Zwangshaltungen, sym-
bolische Einzelsymptome,
Durchbrüche, Abwehrmecha-
nismen bei überhöhter Skrupel-
haftigkeit

b) *Verhaltensbehinderungen*
Als verhaltensbehindert gelten
Personen, deren Verhaltensbeeinträchtigungen
umfänglich (d. h. verschiedene
Verhaltensbereiche wie z. B.
Sozialbereich und Sachobjekte
betreffen) *und*
schwer (d. h. ernste Gefahren ver-
ursachend) *und*
dauernd (d. h. durch ein- bis zwei-
jährige Intensivmaßnahmen voraussichtlich nicht behebbar) sind
Zu Verhaltensbehinderungen
zählen insbesondere
— chronifizierte, umfängliche
und schwere Fehlhaltungen
(d. h. weitgehende Akzentuierung der Leistungs- und Erleb-
nisvollzüge durch die Fehl-
haltung)
— Drogenabhängigkeit
— Autismus i. e. S.
— Psychotische Verhaltensweisen
— Somatogene Dauerverhaltens-
weisen extremer Art
Zwischen Verhaltensstörungen
und Verhaltensbehinderungen bestehen fließende Übergänge

3. Entstehungsbedingungen

— **Disponierende Bedingungen**
(unspezifische sächliche, physische
und psychische Erschwerungen der
Lernsituation):

a) *Materielle Benachteiligungen*
(in Elternhaus, Schule, Arbeitsstelle usw.) — (soziologischer Aspekt)
mangelnder Spiel- oder Arbeitsplatz, räumliche Enge, hohe Klassenfrequenz, Lärm, hellhörige Bauten usw.

b) *Physische Benachteiligung*
(medizinischer Aspekt)
unzweckmäßige Ernährung, mangelhafte Schlafgelegenheit, körperliche Überlastung oder Unterbelastung, Entwicklungsstörungen, Kränklichkeit, Sinnesschäden, innere Erkrankungen, Mißbildungen, Genußmittelgewöhnung usw.

c) *Psychische Belastungen*
(psychologisch-soziologischer Aspekt)
Intelligenzmängel, Massenpflegesituation in Heimen, Reizarmut, Reizüberflutung, häufiger Gruppen-, Erzieher-, Lehrer- oder Wohnortwechsel, Fehlen oder Abwesenheit von Eltern oder Geschwistern, emotional gespannte Familienatmosphäre, positive emotionale Beziehungen zu negativen Anregern, negative emotionale Beziehungen zu positiven Anregern, Sensibilisierung durch unzureichend verarbeitete Vorerlebnisse, Spannungsfeld negativer und positiver Einwirkungen

d) *Situative Faktoren*
(psychologischer Aspekt)
— akute Frustration
— akute Streßsituation
— Drogeneinwirkung
— einschlägige Gruppenerwartung (Zumutung einer Außenseiter-, Konkurrenten-, Anführer-, Mitschuldigenrolle usw.)
— aktuelle Meinungstrends z. B. antiautoritärer oder restriktiver Art

— **Manifestierende Bedingungen:**
a) *Negative Modelle*
(lernpsychologischer Aspekt)
Anregungs-, Versuchungs-, Verführungssituation negativer Art bei entsprechender Motivation und Bekräftigung

b) *Erziehungsfehler partieller oder passagerer Art*
(lernpsychologischer Aspekt)
— fehlende Maßnahmen zur Verhinderung negativer Umwelteinwirkungen (s. o.) durch positive Gegenmodelle des Verhaltens mit entsprechender Motivierung
— absichtliche oder unabsichtliche Bekräftigung ansatzweisen Fehlverhaltens (z. B. lachen über Fehlverhalten)
— absichtliche oder unabsichtliche Löschung angemessener Verhaltensweisen (z. B. Nichtbeachtung, ungerechte Bewertung)
— fehlendes oder unzweckmäßiges Angebot von Verhaltensmodellen für bestimmte Situationen (z. B. durch Unter- oder Überforderung)
— mangelnde Motivierung (z. B. durch fehlende Begründung)
— mangelnde Methoden des Erlernens angemessener Verhaltensweisen

c) *Organisch-funktionelle Schäden*
(medizinischer Aspekt)
als umschriebene Ursachen von Verhaltensbeeinträchtigungen: Hirnorganische Schäden (Geburtsschäden, frühkindliche Hirnerkrankungen, Unfälle, Medikamente-, Drogenschäden usw.)

— **Eskalierende Bedingungen**
(fixierender und generalisierender Art)
a) Fortbestand der disponierenden und manifestierenden Bedingungen
b) Verstärkung von Fehlverhalten durch unzweckmäßige Reaktion mit Belohnungseffekt (z. B. elterliche Aufmerksamkeit, Besorgt-

heit, Gruppenbeifall): circulus vitiosus

c) Verstärkung durch traumatische Erlebnisse (Unfälle, Besitzverlust, Todesfälle usw.)

d) Erzieherische Fehlhaltungen dauernder und umfänglicher Art insbesondere bei Hauptbezugspersonen (tiefenpsychologischer Aspekt):

Hauptrichtungen:

— Erziehungsmangel: durchgängiger Mangel angemessener Verhaltensanregungen bzw. entsprechender Motivierung oder fehlende Löschung unzweckmäßiger Verhaltensweisen
Hauptformen:
Vernachlässigung, Verwöhnung, Inkonsequenz
Kennzeichen:
Autoritätslosigkeit, Unterforderung, Gleichgültigkeit, Zuwendungsgestörtheit, Ichhaftigkeit

— Erziehungsenge: durchgängige Einseitigkeit der Verhaltensanregungen bei entsprechender Motivierung und Bekräftigung und Löschung andersgerichteter Verhaltensweisen
Hauptformen:
Härte, Nötigung, Überbesorgtheit
Kennzeichen:
Autoritarismus, Überforderung, Antriebsfeindlichkeit, Ordnungsfixiertheit, Zuwendungsgestörtheit, Ichhaftigkeit

Die verschiedenen Faktoren zumeist kombiniert und sich wechselseitig beeinflussend als Bedingungsgeflecht wirksam

— **Lernpsychologisch-formaler Aspekt**
a) Angemessenes Verhalten wurde noch nicht gelernt wegen
   — organischer Gegebenheiten
   — nicht hinreichender Befestigung (Motivation, Verstärkung, Übung)

— fehlender Aufnahmemöglichkeit auf Grund einseitiger, emotional blockierender Erlebnisverarbeitung
— vermeintlicher Verbesserungsbedürftigkeit der Regel oder ihrer Zwecke

b) Angemessenes Verhalten wurde gelernt, wird jedoch nicht realisiert wegen
   — organischer Gegebenheiten
   — gegenläufiger aktueller Interessen
   — intensiver Außenanregungen, die nicht abgewehrt werden
   — genereller entgegengerichteter Steuerungsimpulse (Fehlhaltungen)
   — vermeintlicher Verbesserungsbedürftigkeit der Regel oder ihrer Zwecke

c) Fehlverhalten wurde gelernt durch
   — unzweckmäßige Anregungen
   — absichtliche oder unabsichtliche Bekräftigung von Fehlverhaltensweisen
   — spontane Lerninteressen auf Grund tendenziöser Voreinstellungen

d) Fehlverhalten wurde fixiert und generalisiert durch
   — Andauern der Gegebenheiten (a bis c)
   — Selbstbekräftigung auf Grund der Erfüllung eigner Verhaltenserwartungen sowie traumatischer Erlebnisse

4. Häufigkeit

Schätzung bezogen auf Geburtsjahrgänge im schulpflichtigen Alter:

0,02% Personen mit Verhaltensbehinderungen i. e. S., die langfristiger, umfänglicher besonderer Erziehungsmaßnahmen bedürfen

2— 4% Personen mit Fehlhaltungen relativ resistenter Art, die langfristig zusätzlicher spezieller Erziehungsmaßnahmen bedürfen

6—8 % Personen mit Verhaltensstörungen vorübergehender oder partieller Art, die begrenzter und befristeter Fördermaßnahmen bedürfen

5. Erziehungsaufgaben

— Korrektur unzweckmäßiger Erwartungen bzw. Zielvorstellungen bei Erziehern (Eltern, Lehrern usw.), sofern lediglich vermeintliche Verhaltensbeeinträchtigungen altersgemäßer, situationsbedingter, zufälliger, organisch verursachter oder regelverbessernder Art vorliegen
— Korrektur (Löschung) tatsächlicher Fehlverhaltensweisen
— Abbau evtl. vorliegender Fehlhaltungen und entsprechender individueller Dispositionen, Aufhebung vorliegender emotionaler Blockaden einschließlich der betreffenden Abwehrmechanismen bei generalisierter Übersteuerung bzw. eingeschliffener Absicherungssysteme bei generalisierter Untersteuerung
— Aufbau zweckmäßiger, individuale und soziale Interessen berücksichtigender Verhaltensweisen und Haltungen gegenüber der eigenen Person, anderen Personen, Gruppen und Sachen
— Behebung sekundärer Lern-, Sprach-, Wahrnehmungs- und Motorikstörungen
— Gesamterziehung in weitmöglicher Orientierung an den Regelzielen — unter besonderer Berücksichtigung des Sozialbereiches
— Weitmögliche Korrektur ungünstiger disponierender, manifestierender und chronifizierender Bedingungen in den verschiedenen Lebensbereichen
— Weitmögliche Korrektur benachteiligender Umwelteinstellungen gegen-

über Verhaltensbeeinträchtigten
— Schutz vor Versuchungs-, Verführungs- und Versagungssituationen sowie erzieherischen Erwartungen, welche die Belastbarkeit mit Sicherheit übersteigen — insbesondere bei Verhaltensbehinderten i. e. S.
— Verhinderung von mit großer Wahrscheinlichkeit zu erwartenden Fehlhandlungen, welche eine ernste Gefahr für den Verhaltensbeeinträchtigten oder die Umwelt darstellen würden

6. Besondere Methoden

— *Diagnostik* als Abklärung der Entstehungsbedingungen, der Art und des Umfangs der Verhaltensbeeinträchtigung als Voraussetzung für die zu treffenden Erziehungsmaßnahmen
   — durch Beobachtung, Erziehungsversuch, Anamnese, spezielle Tests, Berücksichtigung anderer (z. B. amtlicher) Unterlagen und der medizinischen Diagnose
— *Beratung* der Eltern, Lehrer und sonstigen Erzieher und Miterzieher mit dem Ziel einer erziehungswirksamen Umstellung der Umweltbedingungen und der Beeinflussung des Erzieherverhaltens in der Form von Einzelgespräch und -anleitung einschließlich Hausbesuch, von Gruppenberatung als Informationsgespräch, als praktisches Training, als gruppendynamisch akzentuierte Diskussion bis zu psychotherapeutischen Formen
— *Fördererziehung* als Einzel- oder Gruppenerziehung mit speziellen gesprächs-, spiel-, unterrichts-, arbeits-, verhaltens- oder psychotherapeutisch/psychagogisch akzentuierten Methoden gemäß Art, Umfang, Schwere, Dauer, emotionaler Fixiertheit und Generalisiertheit der jeweiligen Verhaltensbeeinträchtigungen und der individuellen Motivationslage

Techniken

a) Motivation, Verstärkung, Löschung, Verhaltenstraining, Entspannungstraining, emotionale Expression, Umgang mit Übertragungs-, Widerstands-, Ablösungsphänomenen, fehlhaltungsspezifische Akzentuierung der Methoden und Mittel, die nicht selbstwirksam sind;

b) Bemühen um Verständnis, positive Erwartungshaltungen, weitmögliche reflektierte Identifikation, Erkennen der pädagogischen Bedeutung erster eintretender Verhaltensänderungen

c) Strafen, auch in der Form stimulierenden vorübergehenden Zuwendungs-, Aufgaben- oder Gruppenentzuges, sollten nach Möglichkeit durch rechtzeitige positive Motivationen entbehrlich gemacht werden

d) Freies Spiel, Spielplatzarrangement, Freizeitanregung, Sport, psychomotorische Übungen, Rhythmik, Musik, Werken, Bildnerisches Gestalten, Verhaltensübungen, Schriftgestaltung; ferner inhaltlich und methodisch entsprechend akzentuierte Vorhaben in den verschiedenen Unterrichtsdisziplinen (Aufsatz-, Sozialkunde-, Sachkundeunterricht usw.); Stegreifspiel, Pantomime, Handpuppenspiel, Scenospiel, Soziodrama, Biodrama, Psychodrama usw.

7. Soziale Situation

— Verhaltensbeeinträchtigungen nicht schichtgebunden (z. B. Slum- und Luxusverwahrlosung) — jedoch durch materielle Benachteiligungen begünstigt bzw. in abgesicherten Sozialverhältnissen leichter zu verbergen

— Einstellungen der Umwelt zumeist distanziert, moralisch-abwertend, erblichkeitsgläubig-resignativ, mehr auf Selbstschutz als auf Hilfeleistung bedacht, durch Reaktionen Eskalationen fördernd, Fixierung von Außenseiterrollen

— Sozialschwache besonders hilflos Verdächtigungen, strengen Forderungen bzw. Maßnahmen ausgesetzt

— Erheblicher Bedarf an entsprechenden Einstellungsänderungen der Umwelt

8. Ärztliche Aufgaben

— Medizinische Diagnostik und Therapie bezüglich somatischer Ursachen oder Teilursachen und Folgeschäden der Verhaltensbeeinträchtigung

— medizinische Diagnostik und Therapie bezüglich zusätzlicher somatischer Schäden

— ggf. direkte medizinische Unterstützung der pädagogischen Maßnahmen (z. B. durch Psychopharmaka)

— schulärztliche Untersuchungen, Empfehlungen und Überweisungen

9. Erziehungseinrichtungen

für alle Altersstufen — vom Kleinkind bis zum Erwachsenenalter — gestuft nach dem Grad der Verhaltensbeeinträchtigungen:

— Erziehungsberatungsstellen (Zentren für pädagogische Frühförderung, Schulpsychologische Dienste, entsprechende Stellen Kinderpsychiatrischer Kliniken und anderer medizinischer Einrichtungen, Beratungslehrer) — zur Einzeluntersuchung und zur Beratung von Eltern, Kindergärtnern, Lehrern und anderen Erziehern; Sprechstunden und Beratungsbesuche in Familien, Kindergärten, Schule usw. bezüglich besonderer Probleme

— Funktionale Fördererziehung bei vorliegenden partiellen, weniger gravierenden Verhaltensstörungen im Rahmen allgemeiner Erziehungsveranstaltungen in Familie, Kindergarten, Schule usw. durch Differenzierung bzw. Individualisierung der Maßnahmen auf Grund und mit begleitender Erziehungsberatung

— Förderstunden im Gruppen- bzw. Klassenrahmen regulärer Einrichtungen zur Aufarbeitung von partiellen Verhaltensstörungen durch besondere Methoden, Techniken und Mittel in befristet zusammengestellten Kleingruppen — mit begleitender Erziehungsberatung

— Förderkurse (gruppen-, -klassen- oder schulübergreifend) von begrenzter Wochenstundenzahl und Dauer zur Behebung spezieller fixierter Verhaltensstörungen in Einzel- oder Gruppenerziehung mit speziellen Verfahren mit begleitender Erziehungsberatung

— Fördererziehungsinstitute (Zentren für pädagogische Frühförderung, Child-guidance-clinics, Pädagogischtherapeutische Stationen, Psychotherapeutische, Verhaltenstherapeutische Institute, entsprechende Abteilungen in Kinder- und Jugendpsychiatrischen Kliniken, Schulpsychologische Dienste) — zur ambulanten, einige Wochenstunden umfassenden oder halb- bzw. ganztägigen Einzel- oder Kleingruppenerziehung bei ausgeprägten Verhaltensstörungen (einschließlich bestimmter Fehlhaltungen) — mit begleitender Erziehungsberatung

— Fördererziehungsheim (Psychagogisches, Verhaltenstherapeutisches Heim) als Vollzeitheim mit auf einige Wochen oder Monate befristeter Einzel- oder Gruppenerziehung für Verhaltensgestörte, deren Fördererziehung aus organisatorischen Gründen (Verkehrsverhältnisse in dünn besiedelten Gebieten) oder wegen der Eigenart ihrer Beeinträchtigung nicht in den vorgenannten Formen erfolgen kann

— Kleingruppen bzw. Kleinklassen (sog. Beobachtungsklassen) auch an Berufsschulen — für umfänglich und schwerer Verhaltensbeeinträchtigte, als Tageseinrichtung zur längerfristigen Gesamterziehung mit speziellen Arbeitsschwerpunkten und Methoden sowie begleitender Erziehungsberatung

— Sonderheim für Verhaltensbehinderte mit Sonderschule für Verhaltensbehinderte i. e. S., bei denen auf Dauer umfängliche besondere Erziehungsmaßnahmen erforderlich sind und die wegen Selbst- und Umweltgefährdung nicht in offenen Einrichtungen erzogen werden können.

Spezielle Räumlichkeiten, Installationen, Spiel-, Arbeits-, Übungs- und Therapiematerialien sind für alle genannten Einrichtungen erforderlich

Um eine optimale Integration Verhaltensbeeinträchtigter zu gewährleisten, sind diejenigen Einrichtungen zu wählen, die bei einem weitmöglichen Verbleib in regulären Erziehungseinrichtungen eine Behebung der Verhaltensbeeinträchtigung durch zusätzliche Maßnahmen erwarten lassen

10. Beratungsstellen

— Erziehungsberatungsstellen der Jugendämter (mancherorts auch der Gesundheitsämter oder freier Träger)
— Örtlich vorhandene Einrichtungen oben dargestellter Art
— Nachweise durch Kultusministerien, Sozialministerien, Landesjugendämter

11. Literaturhinweise

Bittner, G., Ertle, Ch. und *Schmid, V.:* Schule und Unterricht bei verhaltensgestörten Kindern. Gutachten der Bildungskommission des Deutschen Bildungsrates. Bd. Sonderpäd. 4. Stuttgart 1974 (Klett)

Dührssen, A.: Psychogene Erkrankungen bei Kindern und Jugendlichen. Göttingen [8]1971 (Vandenhoeck)

Dührssen, A.: Psychotherapie bei Kindern und Jugendlichen. Göttingen [4]1971 (Vandenhoeck)

Großmann, G. und *Schmitz, W.:* Sonderpädagogik verhaltensgestörter Kinder. Berlin 1969 (Volk und Gesundheit)

Hartmann, K.: Theoretische und empirische Beiträge zur Verwahrlosungsforschung. Berlin, Heidelberg, New York 1970 (Springer)

Kluge, K. J.: Pädagogik der Schwererziehbaren. Berlin 1973 (Marhold)

Kuhlen, V.: Verhaltenstherapie im Kindesalter. München 1972 (Juventa)

Müller, R. G. E.: Verhaltensstörungen bei Schulkindern. München [2]1972 (Rheinhardt)

Opitz, E.: Verwahrlosung im Jugendalter. 1959 (Hogrefe)

Röhrs, H. (hrsg.): Das schwererziehbare Kind. Frankfurt 1969 (Akadem. Verlagsanstalt)

Shepherd, M. u. a.: Auffälliges Verhalten. Göttingen 1973 (Vandenhoeck)

Thalmann, H. C.: Verhaltensstörungen bei Kindern im Grundschulalter. Stuttgart 1971 (Klett)

Werner, R.: Das verhaltensgestörte Kind. Berlin 1973 (VEB Dt. Verl. d. Wiss.)

Handbuch der Sozialerziehung. Freiburg 1964 (Herder)

Praxis der Kinderpsychologie und Kinderpsychiatrie. Göttingen (Hogrefe)

Schule und Psychologie. München (Reinhardt)

10. Daten zur Geschichte der Sonderpädagogik

Von Otto Speck

1. Blindenpädagogik

1784	Errichtung der ersten Blindenschule durch *Valentin Hauy* (1745—1822) in Paris. 1786 ,,Essai sur l'education des aveugles''
1791	Blindenschule in Liverpool.
1804	Blindenbildungsinstitut in Wien, gegründet durch *Joh. Wilh. Klein* (1765—1848).
1806	Blindenanstalt in Berlin, gegründet durch *August Zeune* (1778—1853).
1832	Gründung der Blindenschulen in Boston (späteres Zentrum für Taubblinde, 1890 *Helen Keller*), New York und Philadelphia.
1808	*Aug. Zeune,* Berlin: ,,Belisar. Über den Unterricht der Blinden''. Erster Globus für Blinde.
1819	*Joh. Wilh. Klein,* Wien: ,,Lehrbuch zum Unterricht der Blinden''. Begründer einer Theorie der Blindenpädagogik, Grundgedanke: Die taktile Anschauung ist die Grundlage der Geistesbildung Blinder.
1825	Erfindung der Blindenpunktschrift durch den blinden Blindenlehrer *Louis Braille,* Paris.
1873	1. Internationaler Blindenlehrerkongreß in Wien.
1881	Herausgabe einer eigenen Zeitschrift für das Blindenwesen: ,,Der Blindenfreund''.
1888	*Simon Heller* (1842—1922), Wien: ,,Die psychologische Grundlegung der Blindenpädagogik'', Betonung der geistig-seelischen Besonderheit des Blindseins, ,,Pädagogik vom Blinden aus''.
2. Hälfte 19. Jahrh.	Organisatorischer Ausbau der Blindenanstalten (Schulen, Internate, Werkstätten, Betreuung ,,von der Wiege bis zum Grabe'').
1874	Einführung der Schulpflicht für Blinde in Sachsen, 1911 in Preußen.
1866	Worcester College, England (Höh. Schule f. Blinde).
1916	Gründung der Blindenstudienanstalt Marburg durch *Carl Strehl.*
1923	*Alfred Petzelt:* ,,Konzentration bei Blinden'', 1933: ,,Vom Problem der Blindheit'' Intention: Den Blinden für die Welt der Sehenden erziehen!
1933	*Aloys Kremer:* ,,Über den Einfluß des Blindseins auf das So-Sein des blinden Menschen'', Begründung einer Blindenpädagogik vornehmlich auf sinnespsychologischer Grundlage.
1886	Erster Kurs zur Ausbildung von Blindenlehrern in Berlin, seit 1911 mit Abschlußprüfung.
Nach 1945	Internationale Kongresse (Weltkonferenzen) für Blindenbildung, 1962 in Hannover. Differenzierung der Blindenschulen (Mehrfachbehinderte), technische Hilfsmittel für Unterricht und Erwachsenenbildung, Umbau der beruflichen Bildung.

2. Gehörlosenpädagogik

um 1770	Errichtung der ersten Taubstummenschule durch Abbe *Charl. Mich. de l'Epée* (1712—1789) in Paris. Lehrverfahren beruhte auf der Verwendung von Gebärde, Schrift und Handalphabet.

1778	Erste Taubstummenschule im deutschen Sprachgebiet in Leipzig, gegründet durch *Samuel Heinicke* (1727 bis 1790): Einführung eines lautsprachlichen Lehrsystems unter Verzicht auf konventionelle Gebärden; allmähliche Verbreitung in ganz Europa.
1779	Erste Taubstummenanstalt in Österreich, gegründet durch *Friedrich Stork* (1746–1823) in Wien.
Um 1830	Unter dem Einfluß Pestalozzischen Gedankenguts Versuch durch *Graser* und *Stephani*, eine „Verallgemeinerung des Taubstummenunterrichts" durch eine Förderung taubstummer Kinder in der allgemeinen Schule zu erreichen; Errichtung von Taubstummenschulen an den allgemeinen Lehrer-Seminaren. *Moritz Hill* (1805–1874), Weißenfels: Neuordnung der Didaktik des Taubstummenunterrichts.
Jahrh.-wende	Vorherrschen der „reinen Lautsprachmethode", didaktischer Ansatz beim Einzellaut.
1919	*Konstantin Malisch* (1860 bis 1925), Ratibor, empfiehlt unter dem Einfluß der Ganzheitspsychologie ein ganzheitliches Sprachunterrichtsverfahren. Fortführung des ganzheitlichen Ansatzes durch *Artur* und *Erwin Kern*. 1958: *E. Kern*: „Theorie und Praxis eines ganzheitlichen Sprachunterrichts für das gehörgeschädigte Kind".
1805	Schulpflicht für taubstumme Kinder im dänischen Schleswig-Holstein, in Preußen ab 1911.
1895	Errichtung von „Hörklassen" für resthörige Kinder.

Ab 1873	Angliederung von Fortbildungsschulen (Berufsschulen).
1900	2 Gehörlosen-Kindergärten in Deutschland.
1958	Einführung der Haus-Spracherziehung für hörgeschädigte Kleinkinder nach englischem Vorbild (Heidelberg).
Ab 1957	Aufbauzüge für begabte Schüler an Gehörlosenschulen (Dortmund).
1864	Gründung des Gallaudet-College in Washington/ USA, Hochschule für Gehörlose.
1811	Erste Ausbildung von Taubstummenlehrern in Berlin.
1936	Zentralisierte Taubstummenlehrerbildung im Deutschen Reich in Berlin, nach 1947 dezentralisiert.
1894	Gründung des „Bundes Deutscher Taubstummenlehrer".
1950	Von Gehörlosen herausgegeben: „Deutsche Gehörlosen-Zeitung". Ausbau der Erwachsenenbildung:
1959	24 Volkshochschulen für Gehörlose in der BRD.

3. Geistigbehindertenpädagogik

1816	Lehrer *Gotthard Guggenmoos* gründet in Hallstein b. Salzburg eine Schule für Schwachsinnige.
1841	Gründung der „Heilanstalt für Kretinen und blödsinnige Kinder" auf dem Abendberg b. Interlaken/ Schweiz durch den Arzt *Joh. Jak. Guggenbühl*. In der Folgezeit: Errich-

tung zahlreicher kirchlich-
caritativer Institutionen
und staatlicher Idioten-
anstalten.

1856   Gründung der „Heilpflege-
und Erziehanstalt Levana"
in Baden b. Wien durch
Jan Daniel Georgens und
*Heinrich Marianus Dein-
hardt* als „Musteranstalt
für gesunde und abnorme
Kinder". „Die Heilpädago-
gik unter besonderer Be-
rücksichtigung der Idiotie
und der Idiotenanstalten",
Leipzig 1861.

1910   Gesetzliche Schulpflicht
für imbezille Kinder in den
Niederlanden.
In Deutschland Errichtung
von „Sammelklassen" an
den öffentlichen Hilfs-
schulen.

1938   Reichsschulpflichtgesetz:
Gesetzliche Verankerung
der „Schulbefreiung" für
„bildungsunfähige" Kinder:
Ausschluß und unmittel-
bare Lebensbedrohung
„lebensunwerten Lebens".

Nach 1945   Vereinzelte Aufnahme gei-
stigbehinderter Kinder in
Hilfsschulen, generelle
„Schulbefreiung".

1958   Gründung der Elternver-
einigung „Lebenshilfe für
das geistig behinderte Kind"
in Marburg.
Vermehrte Errichtung von
Tagesstätten für Geistig-
behinderte.

Ab 1961   Verankerung des Schul-
rechts der Geistigbehinderten in den Sonderschul-
gesetzen der Länder als
Schulen für „Praktisch
Bildbare" (Hessen), für
„Bildungsschwache"
(Baden/Württ.) oder meist
für „Geistigbehinderte".
Ausbau von Tagesheim-
schulen, Werkstätten für

Behinderte, Wohnheimen,
Kindergärten.

4. Körperbehinderten-
pädagogik

1816   Errichtung einer Heilanstalt
für Krüppel in Würzburg
(Krankenbett-Unterricht).

1823   Eröffnung einer „Heilanstalt für arme, verwach-
sene Kinder" in Berlin
durch den Arzt *J. G. Blömer.*

1832   Errichtung der „Erziehungs-
und Bildungsanstalt für
krüppelhafte Knaben" in
München durch *Joh. Nepo-
muk von Kurz,* 1844 vom
Staat übernommen.

1872   Ambulatorium für Krüppel
in Kopenhagen, begründet
durch Pastor *Hans Knudsen.*

1886   Krüppelfürsorgestätte im
Oberlinhaus in Potsdam-
Babelsberg, begründet
durch *Pastor Hoppe.*

1900   Gründung des ersten öster-
reichischen Krüppelheimes
in Oberlanzendorf/Nd.-Öst.

1904   Gründung der „Josephs-
gesellschaft" durch „Krüp-
pelvater" *Rektor Sommer*
(Bigge).

1906   Erste allgemeine Krüppel-
zählung im Deutschen
Reich, angeregt durch
Prof. *Konrad Biesalski,*
Leiter des Oskar-Helene-
Heims in Berlin-Dahlem;
dieses ausgebaut als „Zen-
tral-Forschungs-Fortbil-
dungsanstalt" in Preußen
und im Deutschen Reich.
Biesalskis Rehabilitations-
grundsatz: Der Krüppel
kann und soll aus einem
Almosenempfänger ein
Steuerzahler werden.

1920	Erlaß des Krüppelfürsorge- gesetzes in Preußen.
1926	*K. Biesalski:* „Grundriß der Krüppelfürsorge", Leipzig. *Hans Würtz,* Erziehungs- direktor des Oskar-Helene- Heimes: Annahme einer „Krüppelseele" als Grund- lage einer Körperbehin- dertenpädagogik („Uwes Sendung" 1914, „Das Seelenleben des Krüppels" 1921 u. a.).
Seit 1926	In Wien besonderer Ausbau der Tagesheim-Sonderschule.
Nach 1950	In der BRD Errichtung von Tagesheimschulen für Kör- perbehinderte, vornehm- lich für Spastiker nach skandinavischem und anglo-amerkanischem Vor- bild.
1957	Erlaß des Körperbehinder- tenfürsorgegesetzes.
1962	Bundessozialhilfegesetz (BSHG): Recht auf Ein- gliederungshilfe. Verankerung der Sonder- beschulung Körperbehin- derter in den Schulgesetzen der Länder, eigene Ausbil- dung von Körperbehin- derten-Lehrern, Verbesserung der technischen Hilfsmittel (Unterricht), Frühförde- rung in Kindergärten.

5. Lernbehindertenpädagogik

19. Jahrh.	Nachhilfeeinrichtungen (-klassen) an Volksschulen. Schwachsinnigenanstalten teilweise Vorläufer der Hilfsschulen.
1803	*Traugott Weise* (1793 bis 1859), Lehrer an der Armenfreischule in Zeitz:

	„Betrachtung über geistes- schwache Kinder, 1820.
1864	*Heinr. Ernst Stötzner,* Taubstummenlehrer in Leipzig: „Schulen für schwachbefähigte Kinder. Erster Entwurf zur Begrün- dung derselben".
1867	Gründung einer Nachhilfe- schule in Dresden.
1879	Gründung einer „Hilfs- klasse", später „Hilfsschule" in Elberfeld.
1881	Hilfsschule in Braunschweig. Leiter: *Heinrich Kielhorn* (1847–1929): „Erziehung und Unterricht schwach- befähigter Kinder", 1909.
1898	Gründung des Verbandes der Hilfsschulen Deutsch- lands in Hannover.
1899	*Arno Fuchs,* Berlin: „Schwachsinnige Kinder, ihre sittlich-religiöse, intellektuelle und wirt- schaftliche Rettung, Ver- such einer Hilfsschulpädago- gik", 3. Aufl. 1922.
1922	Erster staatl. Ausbildungs- lehrgang für Hilfsschul- lehrer in München in Ver- bindung mit der Universi- tät. Gründung der „Gesellschaft für Heilpädagogik" in Mün- chen durch *Rupert Egen- berger,* 1. Vorsitzender. Ausbau der Hilfsschul- methodik, psychologisch uneinheitliche Schülerschaft.
1933 bis 1945	Vernachlässigung der Hilfs- schulen durch den national- sozialistischen Staat, Um- funktionierung zum „Sam- melbecken für die Aus- merze kranker Erbgänge".
Ab 1950	Wiederaufbau der Hilfs- schulen, vornehmlich als Schulen für Schulversager („Leistungsschule"), „Strukturwandel" der Schülerschaft *(W. Hofmann).*

Gesetzliche Verankerung der Hilfsschulen, Institutionalisierung der Hilfsschullehrerbildung an Hochschulen oder Universitäten

1961 Umbenennung der „Hilfsschule" in Hessen in „Sonderschule für Lernbehinderte", anschließend in allen Bundesländern, Verstärkter Ausbau der Lernbehindertenschulen außerhalb der Städte: 1950: 98 000 Schüler, 1968: 256 000 Schüler.

6. Schwerhörigenpädagogik

19. Jahrh. Vereinzelte Versuche mit „Hörklassen" an Taubstummenschulen („Hörergänzungsunterricht").

1894 Gründung der privaten „Lehr- und Erziehungsanstalt für Schwerhörige und Ertaubte" durch *Karl Brauckmann* (1862—1938) in Jena. Entwicklung einer besonderen Methodik des Schwerhörigenunterrichts („Jenaer Verfahren").

1902 Errichtung der ersten öffentlichen Schwerhörigen-Klasse in Berlin, Erweiterung zur Schwerhörigenschule 1907, gegründet durch Taubstummenlehrer *Dionys Reinfelder.* „Hör-Seh-Methode".

1921 Schwerhörigen-Hauptschule in Wien.

1926 Erster Lehrplan für Schwerhörigenschulen, erstellt von *D. Reinfelder.*

1958 Aufbau von Beratungsstellen zur Früherkennung und Frühförderung schwerhöriger Kinder (Heidelberg).

Verbreitete Verwendung elektro-akustischer Hörhilfen (Hörtraining).

7. Sehbehindertenpädagogik

1907 Erste Klasse für Sehschwache in Mühlhausen/Elsaß.

1908 Erste Sight-Saving-Class in London.

1912 Gesonderter Unterricht für Sehschwache an der Blindenanstalt Purkersdorf b. Wien unter Leitung von *Ottokar Wanecek.*

1913 Boston: Erste Sehbehinderten-Klassen in den USA.

1919 Erste Schule für Sehschwache in Berlin, *Hermann Herzog* (1876 bis 1960).

1923 Sonder-Volks- und Hauptschule für Sehgestörte in Wien; *Otto Benesch* (1905—1963)

1923 Kombinierte Blinden- und Sehbehindertenschule in Hamburg *(H. Dölberg* u. *O. Wegbrod).*

1926 Erster „Lehrplan für die Berliner Sehschwachenschulen", ausgearbeitet von *H. Herzog.* Betonung der notwendigen Selbständigkeit von Sonderschulen für Sehschwache.

1927 Blindenwohlfahrtskongreß in Königsberg: Erstmalige Abgrenzung von Blindheit und Sehschwäche.

1933 1. Tagung der Sonderschulen für Sehschwache in Chemnitz. *H. Dölberg* betont den „fundamentalen Unterschied" zwischen Blinden- und Sehschwachenunterricht.

1935	O. Wanecek, geb. 1881: „Die Sehschwäche als pädagogisches Problem", Diss. Wien. Grundgedanken: Spezifikum jeglichen Unterrichts bei Sehgestörten sind „Sehübungen"; diese sind wesentlicher Teil der „Seherziehung", d. h. „einer der Eigenart des sehschwachen Kindes angepaßten speziellen Methodik". – Methode des „Tastsehens".
Seit 1955	Gesetzliche Bestimmungen zur Sonderbeschulung sehbehinderter Kinder in den Ländern der BRD.

8. Sprachbehindertenpädagogik

Um 1880	Erste Sprachheilkurse für Stotterer in Berlin, begründet durch *Albert Gutzmann* (1837–1910): „Das Stottern und seine gründliche Beseitigung" 1879.
1905	Sprachheilkunde ordentliches Lehrfach an der Universität Berlin. Bedeutende Sprachärzte: *Herm. Gutzmann, M. Nadoleczny, A. Liebmann.* In Wien: Enge Zusammenarbeit zwischen *E. Fröschels,* Univ.-Ohrenklinik, Leiter des Sprachambulatoriums, und *K. C. Rothe,* Sprachheilpädagoge. Verwendung individualpsychologischer Therapievorschläge. Die effektive Unzulänglichkeit der bloßen Sprachheilkurse führte zur Errichtung von Sprachheilklassen und -schulen.

1924	Gründung der „Internationalen Gesellschaft für Logopädie und Phoniatrie" in Wien.
1927	Zusammenschluß von Sprachärzten und Sprachheillehrern zur „Arbeitsgemeinschaft für Sprachheilpädagogik in Deutschland e. V."
1928	Erste Prüfungsordnung für die Sprachheillehrer-Ausbildung in Hamburg.
Nach 1960	Aufbau von Sprachheil-Kindergartengruppen (Frühförderung), Errichtung von Sprachheilheimen, Ausbau von Sprachheilkursen und ambulanter Einzeltherapie, Ausbildung von Logopäden.

9. Verhaltensbehindertenpädagogik

19. Jahrh.	„Besserungsanstalten" für verwahrloste und straffällige Kinder und Jugendliche („Zwangserziehung").
1833	„Rettungshausbewegung": Gründung des „Rauhen Hauses" bei Hamburg durch *Joh. Hinrich Wichern* (1808–1881). Italien: „Präventivsystem" in der Heimerziehung bei *Don Giovanni Bosco* (1815–1888).
1879	„Zwangserziehungsgesetz" für straffällige Jugendliche.
1922	Reichsjugendwohlfahrtsgesetz (RJWG): Recht auf Erziehung, einheitliche Regelung der Fürsorgeerziehung (FE).
1923	Jugendgerichtsgesetz (JGG): Regelung der Jugendstrafe, Zuchtmittel und Erzie-

1918 | hungsmaßnahmen für straffällige Jugendliche.
August Aichhorn (1878 bis 1949), Lehrer, wird Leiter der Anstalt für verwahrloste Knaben in Oberhollabrunn/Österreich. Hauptwerk: „Verwahrloste Jugend. Die Psychoanalyse in der Fürsorgeerziehung", 1925.
In der Schweiz: Errichtung von Beobachtungsheimen für schwererziehbare Kinder und Jugendliche.

1920 | *Anton Semjonowitsch Makarenko* (1888—1939), Lehrer, wird Leiter einer „Kolonie für minderjährige Rechtsverletzer" in der Sowjetunion.

1922 | Einrichtung der „Child Guidance" in den USA, ursprünglich zur Bekämpfung der Jugendkriminalität, Modell der Erziehungsberatung.

1926 | Erste „Beobachtungsklasse für psychopathische Kinder" in Zürich, begr. durch *Martha Sidler.*

1928 | Erziehungsklassen (E-Klassen) für schwererziehbare Kinder der Volksschule in Berlin, begr. durch *Arno Fuchs.*

1931 | Gründung einer „Individualpsychologischen Versuchsschule" in Wien. Leiter: *Oskar Spiel:* „Am Schaltbrett der Erziehung", 1947.

1937 | Beobachtungsklassen in · Kopenhagen.

1949 | Errichtung von G-Klassen für gemeinschaftsschwierige Kinder in Berlin.
In Hamburg: zusätzlich „Kleinklassen" an Volksschulen.
In nur wenigen Großstädten der BRD eigene öffentliche Sonderschulen für Verhaltensgestörte, in der Mehrzahl Heimschulen, z. T. auch Klinikschulen.

10. Systematische Sonderpädagogik

18. und 19. Jahrh. | Lehre von den „Kinderfehlern" und von „heilender" Erziehung:
A. H. Niemeyer: „Pädagogisch-moralische Heilkunde" (1796).
V. E. Milde: „Heilkunde", Kap. im „Lehrbuch der allgemeinen Erziehungskunde", Wien 1811—1813
L. v. Strümpell: „Die pädagogische Pathologie oder die Lehre von den Fehlern der Kinder", 1890. Zeitschrift: „Die Kinderfehler", nachmals „Zeitschrift für Kinderforschung".

1861 | *J. D. Georgens* und *H. M. Deinhardt:* „Heilpädagogik mit besonderer Berücksichtigung der Idiotie und der Idiotenanstalten", Bd. I (Leipzig). Der Begriff „Heilpädagogik" erstmals gebraucht.

1904 | *Th. Heller* (Wien): „Grundriß der Heilpädagogik". Darstellung als „Grenzgebiet zwischen Medizin und Pädagogik" unter Ausklammerung der Blinden- und Taubstummenpädagogik. Gegenstand sind die „geistigen Abnormitäten". Medizin. Einfluß.

1911 | *Dannemann* (Hrsg.): „Enzyklopädisches Handbuch der Heilpädagogik".

1918 | *J. O. Vertes* (Budapest): „Begriffsbestimmung der Heilpädagogik auf psychologischer Grundlage". —

1922 Heilpädagogik als „Pädagogik der Abnormitäten".
„Gesellschaft für Heilpädagogik" in München gegründet durch *R. Egenberger*.

1925 *E. v. Döring:* „Grundlagen und Grundsätze der Heilpädagogik".

1930 *Linus Bopp:* „Allgemeine Heilpädagogik". — Heilerziehung ist „vertiefte Normalerziehung". Pädagog. Grundbegriff: die „Wertsinnsminderung" des „Heilzöglings". Theolog. Einfluß („Heilserziehung"). Weitergeführt von *J. Spieler* und *E. Montalta* (Fribourg).

1930 *Heinrich Hanselmann* (Zürich): „Einführung in die Heilpädagogik". Grundbegriff der „Entwicklungshemmung". Erhält 1931 an der Universität Zürich den 1. Lehrstuhl für Heilpädagogik an einer europäischen Universität. — 1941 „Grundlinien zu einer Theorie der Sondererziehung".

1931 *Karl Heinrichs:* „Versuch einer wissenschaftstheoretischen Grundlegung der Heilpädagogik". Wissenschaftsbegründung über den „defekten Erziehungsvorgang".

1934 Enzyklopädisches Handbuch der Heilpädagogik, hrsg. von *Dannemann,* erscheint in 2. Auflage.

1951 *Paul Moor* (Zürich): „Heilpädagogische Psychologie", Bd. I: „Heilpädagogik ist Pädagogik und nicht anderes". Sie fragt nach den Möglichkeiten der Erziehung („äußerer" und „innerer Halt") angesichts einer durch „Entwicklungshemmungen" erschwerten Erziehungsaufgabe. 1958: II. Bd. Pädagog. Psychologie der Entwicklungshemmungen. 1965: „Heilpädagogik. Ein pädagogisches Lehrbuch".

1951 Zeitschrift für Heilpädagogik (vormals Heilpäd. Blätter), Schriftleiter *G. Lesemann.*

1964 Heilpädagogische Forschung. Zeitschrift für Erziehung und Unterricht behinderter Kinder und Jugendlicher, hrsg. von *H. v. Bracken* und *H. Wegener.*

1967 Handbuch der Heilpädagogik in Schule und Jugendhilfe, hrsg. v. *H. Jussen.*

1965 bis 1969 Enzyklopädisches Handbuch der Sonderpädagogik und ihrer Grenzgebiete, hrsg. von *G. Heese* und *H. Wegener,* 3., völlig neubearbeitete Aufl. des Enzykl. Handbuches der Heilpädagogik.

Bücher zur Geistigbehindertenpädagogik bei Marhold

(Eine Auswahl)

Geistigbehindertenpädagogik
Von Prof. Dr. Heinz Bach. 7., unveränderte Auflage. (13.—15. Tsd.) VII, 146 Seiten. Flex. Einband. DM 20,—.

Schulbildung für Geistigbehinderte
Von Sonderschuldirektor Emanuel Berhart. 2., durchgesehene Auflage. 228 Seiten. Mit 8 Abb. Kart. DM 27,80.

**Religiöse Unterweisung
n der Schule für Geistigbehinderte**
Anleitungen für Lehrer, Erzieher und Eltern beider Konfessionen. Von Maximilian Buchka. XII, 335 Seiten. Paperback DM 20,—. (= Beiträge zur Geistigbehindertenpädagogik, Heft 3. Hrsg.: Prof. Konrad Josef.)

**Lernen und Lernhilfen
bei geistig Behinderten**
Von Prof. Dr. Konrad Josef. 3., unveränderte Auflage. 149 Seiten. Kart. DM 17,—.

**Musik als Hilfe in der Erziehung
geistig Behinderter**
Von Prof. Dr. Konrad Josef. 3., unveränderte Auflage. 132 Seiten. Kart. DM 17,80.

**Sprachförderung bei Kindern
mit Down-Syndrom**
Von Dipl.-Päd. Etta Wilken. 2., unveränderte Auflage. 120 Seiten. Mit mehreren Abb. Kart. DM 15,—. (= Schriften zur Sprachgeschädigtenpädagogik, Heft 3. Hrsg.: Prof. Dr. Gerhard Heese.)

**Früherziehung bei geistig behinderten
und entwicklungsverzögerten Kindern**
Von Prof. Dr. Konrad Josef und Katherina Josef. 2., unveränderte Auflage. 128 Seiten. Mit 10 Abb. Kart. DM 10,40. (= Beiträge zur Geistigbehindertenpädagogik, Heft 1. Hrsg.: Prof. Dr. Konrad Josef.)

**Anregungen für die Hauserziehung
geistig behinderter Kinder**
Von Arnim Peter. 60 Seiten. Kart. DM 6,50.

Das geistig behinderte Kind im Heim
Von Dr. Fritz Stöckmann. 2., unveränderte Auflage. 165 Seiten. Kart. DM 17,60. (= Sonderpädagogik und Medizin. Heft 2. Hrsg.: Prof. Dr. Svetlusé Solarova und Prof. Dr. Dr. Peter Kisker.)

**Lebenspraktische Erziehung
Geistigbehinderter**
Von Studienrat Wolf-Rüdiger Walburg. 3., unveränderte Auflage. 106 Seiten. Mit mehreren Abb. Kart. DM 16,—. (= Beiträge zur Geistigbehindertenpädagogik, Heft 2. Hrsg.: Prof. Dr. Konrad Josef.)

**Spracherziehungshilfen bei geistig
behinderten und sprachentwicklungs-
gestörten Kindern**
Praxis der Sprachförderung in Elternhaus, Kindergarten und Schule. Von Prof. Dr. Konrad Josef und Sprachheillehrer Günter Böckmann. 3., unveränderte Auflage. 57 Seiten. Kart. DM 9,20.